12ヵ月成果を出し続ける

PDCA手帳術

川原慎也 監修

ジメントセンター

はじめに

ＰＤＣＡサイクルを回すことは、ビジネスの王道であり、「できるビジネスパーソン」になるためには欠かせない要素です。しかし実際は、計画倒れに終わる、やりっ放しで成果につながらないケースも多く、ＰＤＣＡサイクルを回すのは「言うは易く行うは難し」の典型といえます。

本書は、ＰＤＣＡの各段階での考え方や取り組み方を解説しています。ただ、それだけではなく、ＰＤＣＡサイクルを回すのは難しいと考えている人に対して、手帳の活用を推奨しています。１年12ヵ月を通して、無理なく実践的にＰＤＣＡを「回しきる」ためのノウハウを提示する、そこにこそ本書の特徴があるのです。

手帳というと、主にスケジュール管理のために使うというイメージをもつ人が多いと思います。

ですが、1年を通しての仕事の目標や計画（＝Ｐｌａｎ）を書き込みながら、日々やるべきことを実行（＝Ｄｏ）し、過去のページをめくることで振り返りや検証（＝Ｃｈｅｃｋ）をして、改善（＝Ａｃｔｉｏｎ）につなげることに資するツールでもあるのです。

つまり、常に携帯し、日々ページをめくっている手帳をうまく活用することができれば、これまで挫折していたＰＤＣＡを、習慣的に身につけることが可能になるということです。


ビジネス環境が日々大きく変化するとともに、働き方改革が各職場で進められているいまの時代、限られた時間をどう効率的に使うかがビジネスの成否を左右するといっても過言ではありません。

本書を通して、手帳をパートナーとしながら、ＰＤＣＡサイクルを円滑に回せる「できるビジネスパーソン」をめざすとともに、日々の暮らしやプライベートタイムも充実したものになることを期待しています。

もくじ

第1章　Plan 「計画」はすべての行動の起点

第2章　Do 「実行」を妨げる壁を乗り越える

第４章 — Ａｃｔｉｏｎ 「改善」で成長と進化をめざす

序章

できる
ビジネスパーソンは
PDCAサイクルを
回している！

序章 1

できるビジネスパーソンには、流儀がある

「できるビジネスパーソン」と「できないビジネスパーソン」の差は？

100人のビジネスパーソンがいれば、100通りの仕事の流儀があるといわれます。目標に向かって真摯に努力を重ねる人や、状況の変化に的確に対応して成果を上げることができる人がいる一方で、真面目に仕事に取り組んでいるのになかなか成果が出ない人、同じ失敗を何度も繰り返す人、根性論・精神論だけで少しも進化が見られない人も存在します。「できるビジネスパーソン」と「できないビジネスパーソン」の差はどうして生まれるのでしょうか。

理由はさまざまですが、できるビジネスパーソンの行動特性にはひとつの共通点があります。それは、日々、**改善・進化するための創意工夫を重ねている**という点です。具体的にいうと、業界の最新の動向を把握するために研修や勉強会に参加したり、さまざまな人脈を広げたり、知識を増やすために自己啓発をするといったことが挙げられます。

そして彼らは、忙しい業務をこなしながらもこれらのことを行うための時間を捻出するために、自身の業務のやり方を見直し、効率化を図るための努力もしています。

変化にいかに対応するか

改善・進化するための創意工夫とともに、環境変化が大きく将来予測が難しい現代のビジネスシーンで成果を上げていくためには、**変化に対応できるか否か**が問われます。

ただし、「環境が変化しているのだから、それに合わせて変化しよう」などという考え方では到底変化などできないでしょう。必要なのは、「常に自ら変化し続ける」

という姿勢であり、その姿勢があるからこそ結果として環境変化に対応できるのです。

そして、この**常に自ら変化し続けるために欠かせない思考と行動が、「ＰＤＣＡ」**なのです。

ＰＤＣＡとは、事業活動を円滑に進め、継続的に改善していくための手法のひとつです。まず、自らの置かれている状況を把握し、なすべきことやあるべき姿のゴールを明確にイメージすること、そしてそのゴールに到達するための**「計画（Ｐｌａｎ）」**を立て、**「実行（Ｄｏ）」**する。そして、実践した事柄を**「振り返り（Ｃｈｅｃｋ）」**、**「改善（Ａｃｔｉｏｎ）」**し続けていく――このようなＰＤＣＡの実践そのものが、変化に対応し、自らを進化させる「できるビジネスパーソン」になるための条件とも言い換えられるのです。

なお、ＰＤＣＡは一度回したら終わりではありません。**習慣化してサイクルを「回し続ける」ことが大切**になります。繰り返しになりますが、ビジネス環境は常に変化していますから、改善策として打ち出した施策も、すぐに陳腐化してしまう可能性があります。それにビジネスは、たった一度で改善できるほど甘いものではなく、常に現状を打破し、改善し、進化し続ける姿勢が大事になるのです。

【図0-1】 PDCAサイクル

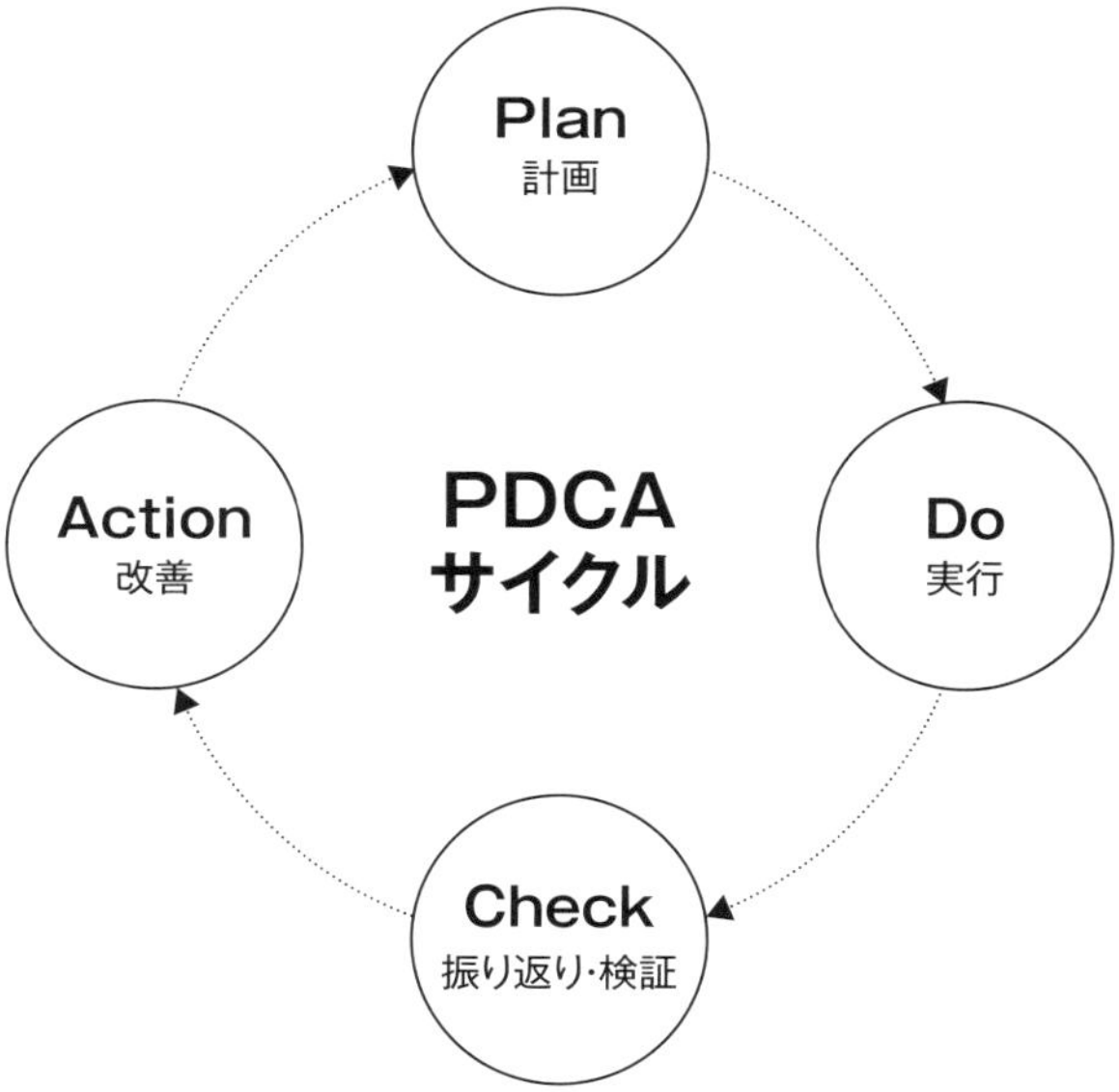

なぜ、PDCAは頓挫するのか？

ところが、実際にPDCAサイクルを回し続けるとなると、そう簡単にはいきません。「回し続ける」どころか、「計画だけで終わってしまった」「いつの間にかフェイドアウトしてしまった」という人もいるのではないでしょうか。

PDCAサイクルを最後まで回すことができない要因は、つぎのようなことが考えられます。

・計画そのものが具体的でない
・目標設定が現実とかけ離れていて、ほとんど実現不可能
・計画→実行まではできても、忙しくて振り返りまで手が回らない。よって改善にも至らない
・当初はやる気があったが、だんだん気持ちが尻すぼみしてしまった

ほかにもさまざまな理由が考えられますが、それらの共通点としてPDCAの各プ

ロセスで「見える化」ができていないということが挙げられます。本来の計画に必要不可欠な「誰が」「いつまでに」「何を」「どうやって」という具体性に乏しいから、実行しても成果が見えない。振り返りも具体的・定量的に評価のポイントを明確にしていないから、続く改善も具体的でなく曖昧になってしまう……といった具合です。

手帳を活用すれば、PDCAサイクルが回り出す！

ここでいう「見える化」とは、実行した内容を「記録（書く）」し、自分の行動を意識して検証する作業とも言い換えられます。つまり、**記録して見える化することをいかに習慣化できるか。これが、PDCAサイクルを回し続けるためのポイントであり、そこで強力な武器となるのが「手帳」**なのです。

手帳というと、スケジュールや予定（Ｐｌａｎ）を書き込むだけのツールだと考えている人が少なくないと思います。しかし、手帳にはスケジュールや予定だけでなく、実行した結果（Ｄｏ）を書き込むこともでき、書き込んだことは記録として残りますから、当初の計画や実践した行動が適切であったかどうかを振り返って検証する

（Ｃｈｅｃｋ）こともできます。そして、計画、実行、というプロセスを検証することによって、つぎの改善策（Ａｃｔｉｏｎ）を講じることができるようになるのです（具体的な記入方法は、各章の「実践！手帳術」のコーナーで解説しています）。

このように考えると、**手帳は、ＰＤＣＡサイクルを回すための強力な武器**になることが理解できるでしょう。

さらにいうと、複数年にわたって過去の行動を振り返ることも可能であり、中長期的な視点であるべき姿を検討したり、今後の課題解決に必要な知識やノウハウを抽出したりすることもできます。

手帳を活用してＰＤＣＡサイクルを回すことができれば、「できるビジネスパーソン」に近づけるのです。

実践！
手帳術
01

まずは手帳を選ぶ

手帳を上手に使いこなすためには、まずは、自分に合った〝良きパートナー〟となる手帳選びから始めましょう。

手帳選びのポイントは、①「仕様」、②「サイズ」、③「レイアウト」、④「表紙デザイン・つくり」、⑤「手帳固有の機能（巻末資料など）」です。

特にビジネスパーソンの場合は、⑤に注目してみてください。多くの手帳には、年間ページ、月間ページ、週間ページが掲載されており、メモ欄も豊富です。また、さまざまな用途に対応したオプションも数多く発売されており、それらをうまく活用することで、本書で取り上げているＰＤＣＡを回す道具として有効活用することができます。

さらに、ＰＤＣＡを回しながら目標を達成し、業務レベルを向上させることを意図したデザインに特化した手帳も販売されているので、気になる方は一度手に取ってみるのもよいでしょう。

ちなみに、100円ショップで売られているノートに高級ブックカバーを取り付けるといった〝裏ワザ〟もありますので、「市販の手帳でどうしても自分に合ったものが見つからない」「DIYな手帳を使いたい」といった方は、試してみてはいかがでしょうか。

つぎのフローを参考に、自分に合った手帳を選びましょう。

〈手帳選びの流れ〉

1. 仕様を選ぶ

↓

2. サイズを選ぶ

↓

3. レイアウトを選ぶ

↓

4. 表紙デザイン・つくりを選ぶ

↓

5. 手帳固有の機能（巻末資料など）

①仕様を選ぶ

手帳は、ノートタイプの「綴じ手帳」と、リングタイプの「システム手帳」に大別されます。綴じ手帳は、さまざまなサイズがあり、買ってすぐに使えます。システム手帳は、自分でリフィールを選んでカスタマイズできるというメリットがあります。

②サイズを選ぶ

サイズ選びで重要なポイントは、記入量と持ち歩く頻度の2点です。「移動中もよく手帳を確認したり書き込んだりする」「自宅や職場など決まった場所で使うことが多い」などと、自分が手帳を使うシーンを具体的にイメージしながら、理想的なサイズを決めていきましょう。各サイズの特徴は、つぎのとおりです。

綴じ手帳

システム手帳

〈手帳のサイズ〉

コンパクトサイズ
（小型サイズ・縦長サイズなど）

記入スペースはさほど多くないが、ジャケットのポケットに収まり携帯性に優れる

綴じ手帳

タテ 155
×
ヨコ 110

A6サイズ
ミニ6サイズ

タテ 175
×
ヨコ 85

縦長サイズ

タテ 144
×
ヨコ 95

小型サイズ

ミニ6サイズ

女性に人気のコンパクトサイズで、カジュアルな商品が多くラインナップされている

システム手帳

デスクトップサイズ
（A5サイズ以上）

サイズが大きく記入スペースも多いので日記や業務日誌としても活用できる

バッグインサイズ
（A6･B6サイズなど）

記入量と携帯性のバランスがよく、近年人気が高いサイズ

タテ 265
×
ヨコ 188

B5サイズ

タテ 216
×
ヨコ 154

A5サイズ

タテ 188
×
ヨコ 133

B6サイズ
バイブルサイズ

サイズ比較

12cmCD

A5サイズ

携帯するにはやや大きめだが、記入スペースが豊富

バイブルサイズ

システム手帳のもっとも一般的な大きさ。収納性と携帯性のバランスに優れる

※単位：mm　※各サイズの寸法はメーカーによって多少異なります。

③ レイアウトを選ぶ

手帳のレイアウトは、「イヤリー（年間）」「マンスリー（月間）」「ウィークリー（週間）」「デイリー（1日）」の4つに分類されます。綴じ手帳の場合、多くは「イヤリー+マンスリー」「イヤリー+マンスリー+ウィークリーまたはデイリー」の組み合わせで構成されています。メインで使用するレイアウトと、他に必要なレイアウトの組み合わせを考えましょう。システム手帳では、これらの組み合わせが自分でできます。

また、同じレイアウトでも「日曜日始まり」と「月曜日始まり」がありま

〈イヤリー（年間）〉

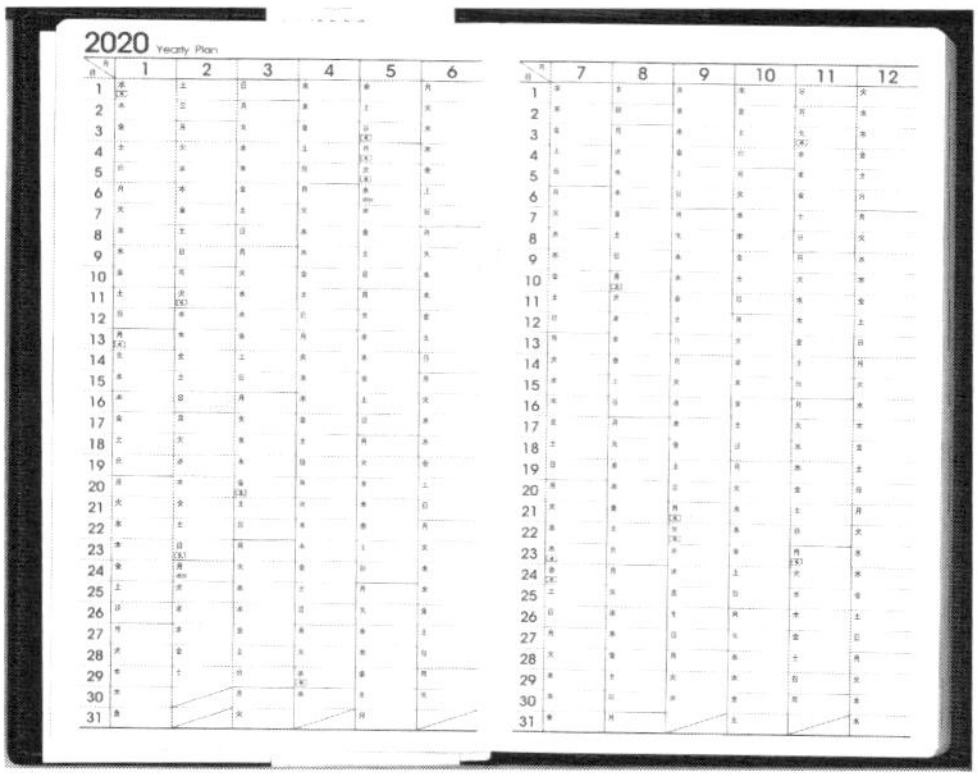

年間スケジュールや行事を俯瞰できる

す。平日は仕事で土日は連続して休み、という人は「月曜日始まり」が便利です。

なお、PDCAを回すために必要な情報を記入することを考えると、書き込みスペースが豊富なものを選ぶという視点も大切です。

〈マンスリー（月間）〉

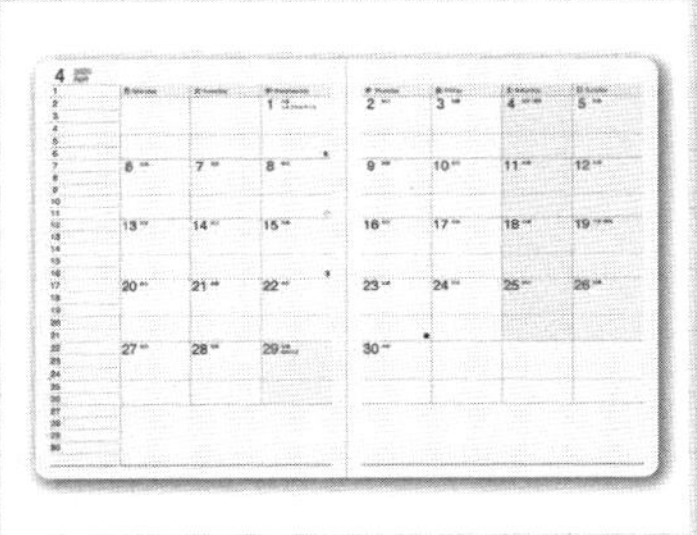

**月間
カレンダー
タイプ**

週次の会議など、曜日ごとに決まった予定がある場合に便利

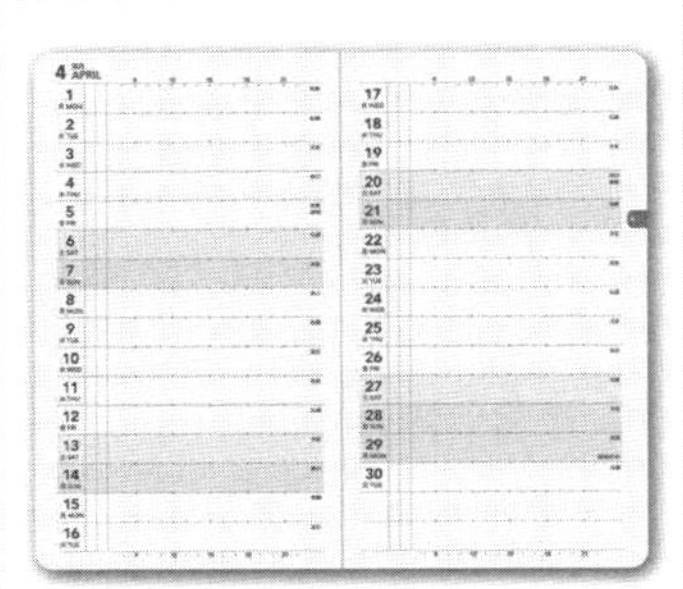

**月間
横罫タイプ**

プロジェクト管理や家族の予定管理に便利

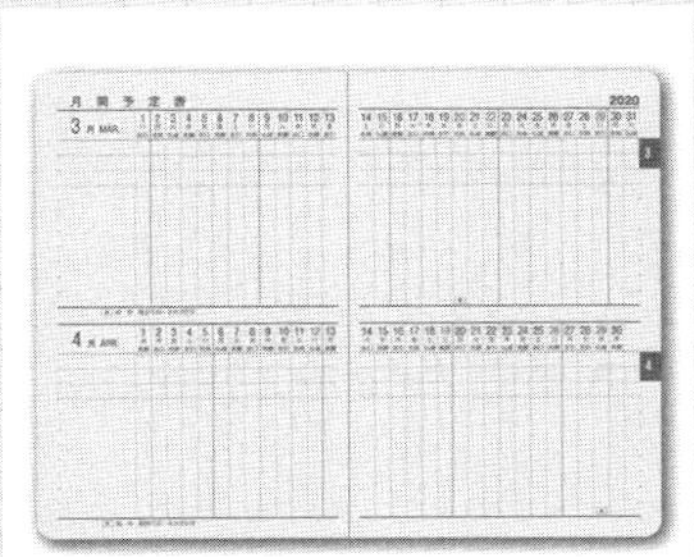

**月間
ガントチャート
タイプ**

プロジェクトや生産ラインの管理などに役立つ

〈ウィークリー（週間）〉

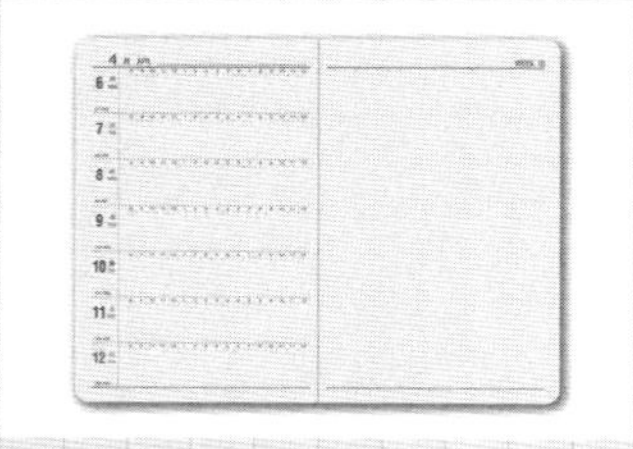

レフトタイプ

スケジュール管理とメモを併用できる

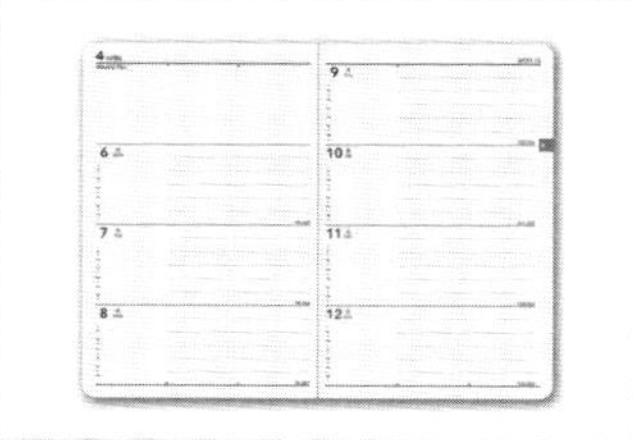

メモタイプ

1 日分の記入スペースが豊富でたくさん書き込める

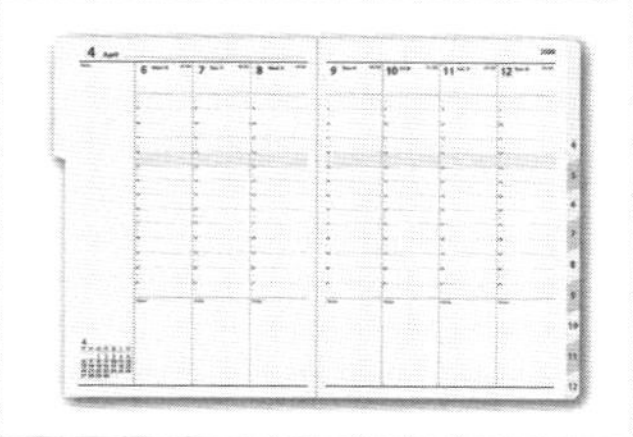

バーチカルタイプ

全面に時間軸があり、細かなスケジュール管理が可能

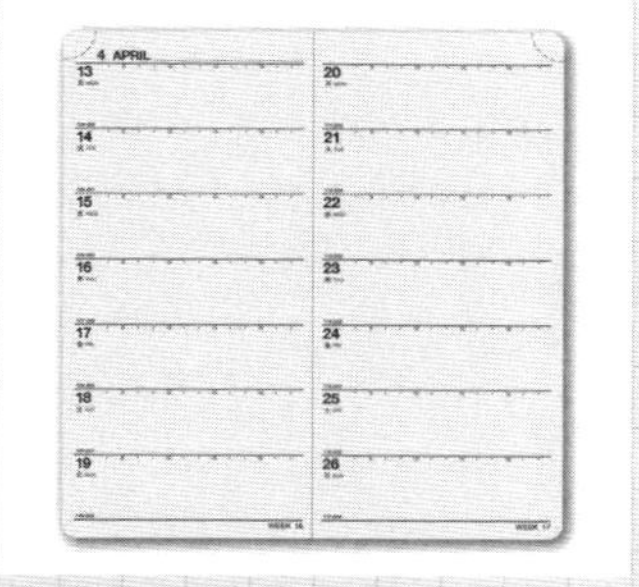

見開き 2 週間タイプ

2 週間を俯瞰でき、コンパクトでライト

ゾーンタイプ

バーチカルとレフトを合わせたタイプ

〈デイリー（1日）〉

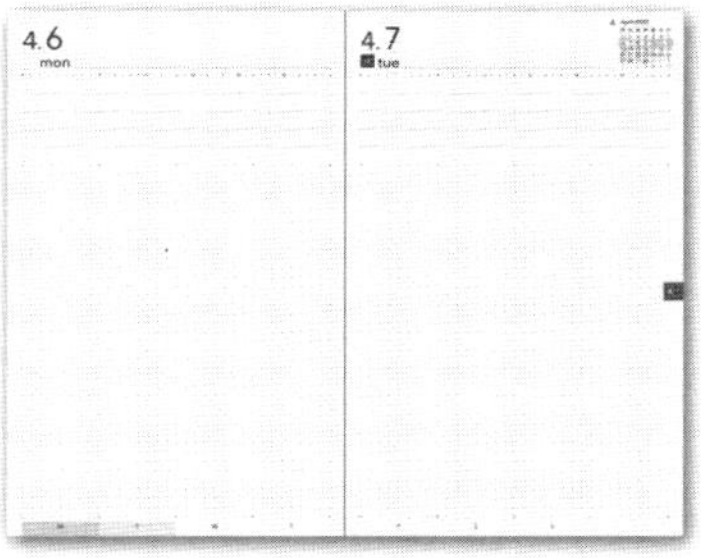

1ページ
1日タイプ

スペースが豊富で
日記がわりにも

〈手帳レイアウトの組み合わせ〉

マンスリー

月間カレンダータイプ
月間横罫タイプ
月間ガントチャートタイプ

＋

ウィークリー

レフトタイプ
メモタイプ
バーチカルタイプ
見開き2週間タイプ
ゾーンタイプ

デイリー

1ページ1日タイプ

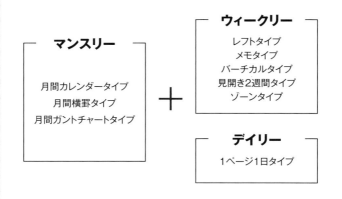

④ 表紙デザイン・つくりを選ぶ

自分の好きな色や素材で、使うのが楽しくなるようなデザインを選ぶことが基本。ただし、同じつくりでも表紙の素材によって重さが異なったり開閉のしやすさに差があったりします。見た目だけで判断せずに、持ち運びや記入時など、実際の使用場面をイメージしながら選びましょう。

⑤ 手帳固有の機能（巻末資料など）

前述の①～④以外にも、つぎのようなポイントをチェックしましょう。

・インデックス

月ごとにインデックスがついていると、見たいページがサッと開けて便利

・メモページ

横罫、方眼、無地などのメモ欄。メモが充実しているとたくさん書き込みができるが、その分重くなる

・**切り取りメモ**

ミシン目がついていて、切り取り可能なメモが付属している手帳もある

・**巻末資料**

鉄道路線図、年齢早見年表、度量衡換算表、地図などの付属資料にも着目

・**アドレス帳**

以前は必ずついていたが、パソコンや携帯電話の普及により減少しつつある

序章 2

時間を「管理する」から「デザインする」時代へ

時間管理は欠かせない

タイムマネジメント――ビジネスの世界では、常に時間を管理することが要求されます。納期のない仕事はなく、ビジネスパーソンは締め切りを意識しながら最善の努力を尽くします。「仕事ができる人」という概念には、その人の持つ知識・経験・スキルなどいろいろな要素が含まれますが、タスクを達成する際、きちんと時間を管理できる人という側面も大きいのです。タスクの達成と時間との関係でいうと、タスクを達成できてもタイムオーバーであれば評価に値しないかもしれません。また、時間内にタスクを終えたとしても、その質が低いものであれば能力（レベル）が低いと評価されてしまいます。

求められるレベルで、求められる時間内にタスクを終えるようにすることが、従来から求められてきた時間管理です。時間管理（タイムマネジメント）はビジネスパーソンにとって欠くことのできないスキルなのです。

しかし、これからの時代も「時間管理」の考え方だけでいいのでしょうか。環境変化が激しい時代を迎え、今あるビジネススキームだけで物事を考え、行動することには大いなるリスクが存在します。なぜならば、ビジネスの根底にあるトレンドが変化したとき、従来の思考や行動パターンの枠内で対応するだけでは、十分な成果を得ることができないからです。

単に「時間管理」という言葉だけを捉えてしまうと、「求められるレベルのタスクを求められる時間内に」というイメージになってしまいます。そこで、これを「限られた時間を上手に〝やりくり〟することで最大の成果を出す」という定義に変換すると、より質の高い行動に変えようという意識が出てくるのではないでしょうか。

そもそも仕事は、人間にとって経済活動（生活）の基盤であると同時に、自らの人生を豊かにするものと考えることもできます。単に、与えられた仕事をこなすのではなく、主体的にビジネスライフを切り拓いていくことこそが、1人の人間にとっての仕事の本質です。

これからのビジネスパーソンは、仕事＝タスク管理という捉え方に留まらず、仕事＝環境の変化に対応しながら、夢や目標を実現するもの、という認識に立つ必要があるでしょう。

時間に対する考え方も同様です。短期的なタスク達成のために時間を配分する従来の「時間管理」の概念も内包したうえで、**豊かな人生のために長期的な視点から夢や目標の実現に向けて、「時間《とき》」をデザインしていく**ことが求められるのではないでしょうか。

column

ＰＤＣＡの起源を知っていますか？

ＰＤＣＡは、生産管理や品質管理などの仕事に携わっている人にとっては、慣れ親しんだ言葉でしょう。また、その他の業種や職種においても、「ＰＤＣＡを回そう」といった言葉が飛び交う場面が少なくありません。では、ＰＤＣＡという概念はいつ頃から出てきたものなのでしょうか。

ＰＤＣＡサイクルという概念ができたのは、第二次世界大戦後、１９５０年代にアメリカで品質管理手法の構築にあたっていた、ウォルター・シューハート、エドワーズ・デミングらによって提唱されました。日本においては、デミングが来日して指導にあたったことで、生産管理、品質管理の現場に急速に普及し、今日に至っています。

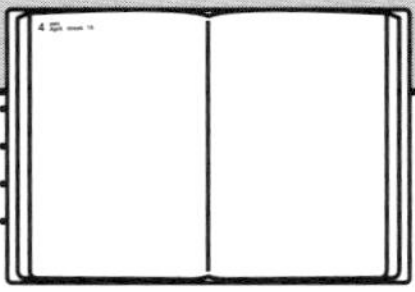

序章のポイント

☑ できるビジネスパーソンは、日々、改善・進化するための創意工夫を重ねている

☑ 現代のビジネスシーンで成果を上げていくためには「変化に対応できるか否か」が鍵を握る。そのために欠かせない思考と行動が「PDCA」である

☑ PDCA は一度回したら終わりではない。習慣化してサイクルを「回し続ける」こと

☑ 習慣化して PDCA サイクルを回し続けるための強力な武器が手帳である

☑ これからのビジネスパーソンに必要なのは、「時間管理」だけでなく、長期的な視点から夢や目標の実現に向けた「時《と》間《き》デザイン」

第1章

Plan

「計画」は
すべての行動の起点

第1章

1

「計画」とは、目標やあるべき姿をめざすためのロードマップ

計画とは何か

ＰＤＣＡサイクルが「Plan」、すなわち「計画」から始まる理由は、そのあとに続く実行（Ｄｏ）が、計画に基づいて実践されるからです。ビジネスにせよプライベートにせよ、人間の「○○をしたい」「△△をしよう」といった動機や意思が「計画」によって行動に移されることは間違いなく、計画の良し悪しは、必ず成果の差となって現れます。

では、「計画」とは具体的にどのようなものなのでしょうか。ビジネスを進める際は、主体となる人や組織のさまざまな動機や意思が、目標やあるべき姿（理想）とし

て提示されます。**計画とは、現実の状態から、そうした目標やあるべき姿にたどりつくためのロードマップ**だといえます。

ロードマップとは、「ある目標に達するまでの施策や行動を、時系列でまとめた工程表」のことです。ロードマップには、まず目標があります。そして、その目標を達成するための施策や行動が盛り込まれ、それらを実現するために必要な時間が見積もられています。

そう考えると、計画立案においては、**めざすべき姿や目標を適切に設定することと、適切なスケジューリングという2つのポイント**が見えてきます。この2つのポイントがずれた計画は、あまり良い計画といえず、たとえ計画どおりに実行しても、良い結果が得られないということです。

【図1-1】 計画とは

第1章

2

目標設定

理想と現実のギャップを把握する

自分の「現在地」を知ること

計画立案における最初のステップは、目標設定です。ここでまずやっておきたいことは、**理想と現実のギャップをきちんととらえること**。言い方を変えれば、いまの自分の能力や実績がどのくらいのレベルにあるかという「現在地」を知ることです。自分の現在地をきちんと把握できていれば、目標とどのくらい離れているかがわかります。想定した目標が、自分の現在地よりもかなり高い位置にある、もしくは逆に簡単にクリアできてしまうような低い位置にある場合は、その目標自体の修正をしなくてはならないと気づくことができるでしょう。

なお、この「現在地の把握」は、過去の検証という要素とも絡んできます。PDCAにおける検証（Check）とは本来、行動したあとに振り返るものですが、**計画を立案する段階でも、これまでのことを検証し、振り返る**という姿勢が大切だということを覚えておくといいでしょう。その際に役立つのが過去の手帳の記述です。

たとえば、前年の手帳を見返してみると、つぎのようなことが書き留められているはずです。

・会議や打ち合わせの日時
・新しい仕事のキックオフ時期
・どんな人と会ったのか
・企画書の提出期限やプレゼンの日時
・見積書や契約書の提出日

【図1-2】　自分の現在地を知る

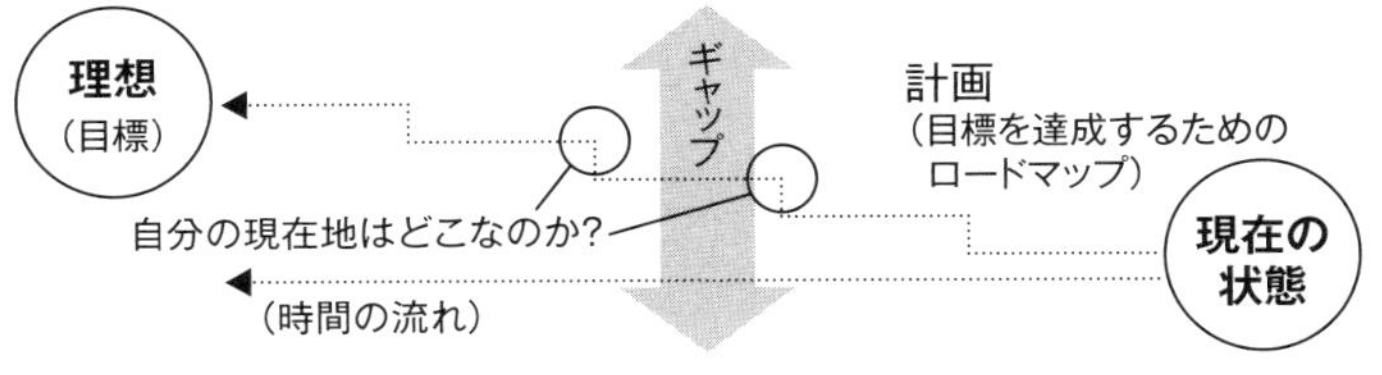

こうした書き込みからは、どの時期にどんな仕事が集中していたのかといったことがわかります。しかし一歩踏み込んで、会議や打ち合わせの内容、その人と会うことになった経緯や打ち合わせ内容、プレゼンの成否、提出した見積書が受注につながったかどうかといったところまで記入されていれば、

・自分は昨年どんな仕事をして、どんな成果を残したのか
・どの段階で、どんな人脈や知識を得たのか
・できたこと、できなかったことは何か

といったこともわかり、目標設定のうえで大きく役立つはずです。

さらに、こうした書き込みを意識して続けていけば、複数年の手帳をさかのぼってさまざまな分析も可能になり、ＰＤＣＡの各プロセスで大いに役立ちます。

また、**自分の現在地を把握し、理想とする目標とのギャップを知ることは、自分自身の弱点や課題を「見える化」すること**にもつながります。課題や足りなかったことが具体的に見える化できれば、その解決のためにどんなことに取り組めばいいかとい

うことも、見えてくるはずです。

目標設定にあたって意識する3つのこと

自分の現在地を知り、理想と現実のギャップを正確に把握しながら目標設定をするためには、つぎの3つを意識することが大切です。

①目標をなるべく具体化する
②どう行動すればいいのかという施策を示す
③現実離れしていないかをチェックする

まず1つめは、**目標には、具体性や現実性が求められる**ということです。なぜならば、抽象的な言葉がいくら並んでいても、実際にどんな成果を求めているのかが理解できないからです。

目標設定にあたっては、「何を」「どれくらい」やるのか、あるいは「何を」「どのような状態」になるまでやるのかを明確にすることが必要になります。「売上目標・前年比120％」という全社目標にしたがって部署の目標を設定する場合であれば、もう少し具体的な目標に置き替えるところからスタートする必要があるでしょう。たとえば、「これから需要が見込まれるAという商品の売上を前年比150％にする」「一方で、需要が停滞気味のBという商品については現状維持を目標とする」といった具合に、部署の状況に合わせて、全体で前年比120％を達成できるようにブレイクダウンしていくのです。

ただし、目標設定は必ずしも定量的である必要はありません。定性的な要素も含めて、つぎのように考えるといいでしょう。

・定量的に測れるものは数値化する

「月に◯件の顧客を訪問する」など、定量的に測れるものは、明確に数値化する

・定性的なものは言語化する

定性的な課題は、できるだけ具体的に言語化。たとえば、顧客との信頼関係を築け

ないことが課題であれば、「指名で相談されるようになる」といった状態を具体的に明示する

2つめは、**「どう行動すればいいのかという施策を示す」**ことです。たとえば、商品ごとに数値目標を設定したとしても、その数値目標を達成するための行動は見えてきません。「Aという商品の売上を前年比150％にする」という数値目標を掲げたならば、「新規販路開拓のためにアポイントを50件以上とる」「商品レビューの5段階評価で4.3以上の評価を得る」というように行動を施策として示すことも大切だということです。

プライベートの目標設定でも、よくある「夏までに○キロやせる！」といった目標を立てたのならば、そのために「週に○回ジムに通う」「1日の食事を○カロリーに抑える」といった具体的な行動を示さなくては意味がありません。

ただし、ここで注意しなければならないことがあります。仕事が忙しくて運動する時間を確保できないのに「平日にジムに通う」とか、断食に近い無理な食事制限を盛り込むような施策を示しても現実的ではありません。

３つめのポイントとして、**目標の設定やそのための行動が現実と乖離していないこ**とも大切なのです。

目標と現実との乖離を防ぐためには、目標を自分の現在地に照らし合わせてみて、「本当に手の届く目標なのだろうか？」という問いかけをしてみること。そして、実現可能なことであっても、「あれもこれも」とたくさん詰め込み過ぎていないかをチェックすることがポイントです。「計画どおりに実行すれば、必ず目標を達成できる」という必要最低限の落とし込みをすることを意識しましょう。

5W3Hで整理する

前述の３つのポイントを意識して目標設定をする際は、図１-３のような「いつ」「どこで」「何を」「だれが」「なぜ」、そして「どのように」「いくらで」「どのくらいで」といったことを明確にするために、「５W３H」で整理するとわかりやすいので参考にしてください。

【図1-3】 目標設定における5W3H

When （いつ）	いつまでに目標を達成するのか。そのための施策や行動をいつ実施するのか
Where （どこで）	目標を達成するための施策や行動をどこで行うのか
What （何を）	施策や行動では、具体的に何をすればいいのか
Who （だれが）	具体的な行動はだれが担うのか
Why （なぜ）	何のための目標なのか。会社・部署のビジョンとどう関連するのか
How to （どのように）	どのような手順や方法で取り組むのか
How much （いくらで）	予算はどの程度かかるのか
How many （どのくらいで）	どれだけの規模、時間をかけるのか

column

目的と目標の違いは？

「目的」と「目標」の違いを意識したことはあるでしょうか。

2011年に女子サッカーの日本代表チームである「なでしこジャパン」がFIFA女子ワールドカップ（W杯）で優勝し、大きな話題となりましたが、なでしこジャパンの目的は、W杯で優勝することではなく「日本の女子サッカーをメジャーなスポーツにすること」だったといいます。当時は人気も低く、あまり注目されていなかった女子サッカーという競技の魅力を伝えたい、サッカーをやりたいと思う女の子が少しでも増えてほしい。そして、多くの人の注目を集めるメジャーなスポーツになってほしい。そういった願いであり、目的をかなえるために「W杯優勝」という目標を設定したのです。

目的と目標は、言葉も似ていて区別が難しいですが、**目的は個人や組織が永続的に追い求めるもの**であり、一方の**目標は目的に到達するための要件や課題を具体化したもの**といえます。両者の違いを意識しながら、計画で目標設定する場合も目的に立ち戻って考える姿勢をもってください。

【図1-4】　目的と目標の違い

例 なでしこジャパン

目的　**女子サッカーをメジャーなスポーツにすること**

目標
ワールドカップ ……▶ **世界一！**
五輪アジア予選 ……▶ **五輪出場権獲得！！**

目標を達成することが目的ではない！

ＫＰＩを設定する

ビジネスシーンではよく、「**ＫＧＩ**」「**ＫＰＩ**」という言葉が聞かれます。このＫＧＩやＫＰＩは、計画立案や目標設定において、ひとつのキーワードとなりうる用語です。

ＫＧＩ（Key Goal Indicator）とは、その名のとおり企業や部署、個人がめざす「ゴール」のことです。計画段階ではまずＫＧＩを明確にすることが必要ですが、ＫＧＩとなる売上や利益目標は年間単位で設定されることが多く、月次や週次の行動ではどれだけ達成できているのかがイメージしにくいものです。そこで、**途中で成果を確認する判断基準として設定されるのがＫＰＩ**（Key Performance Indicator）です。

たとえば、ＫＧＩが「売上前年比１２０％」ならば、ＫＰＩは「既存顧客への月あたりの見積提出件数を1.5倍にする」「新規顧客を年間で20件獲得」「半期ごとに改訂していた販促資料を四半期ごとにリニューアル」といった指標が挙げられます。前述した具体化、行動、実現の可能性という視点からしても適切なＫＰＩ設定が望まれます。

【図1-5】 KGIとKPI

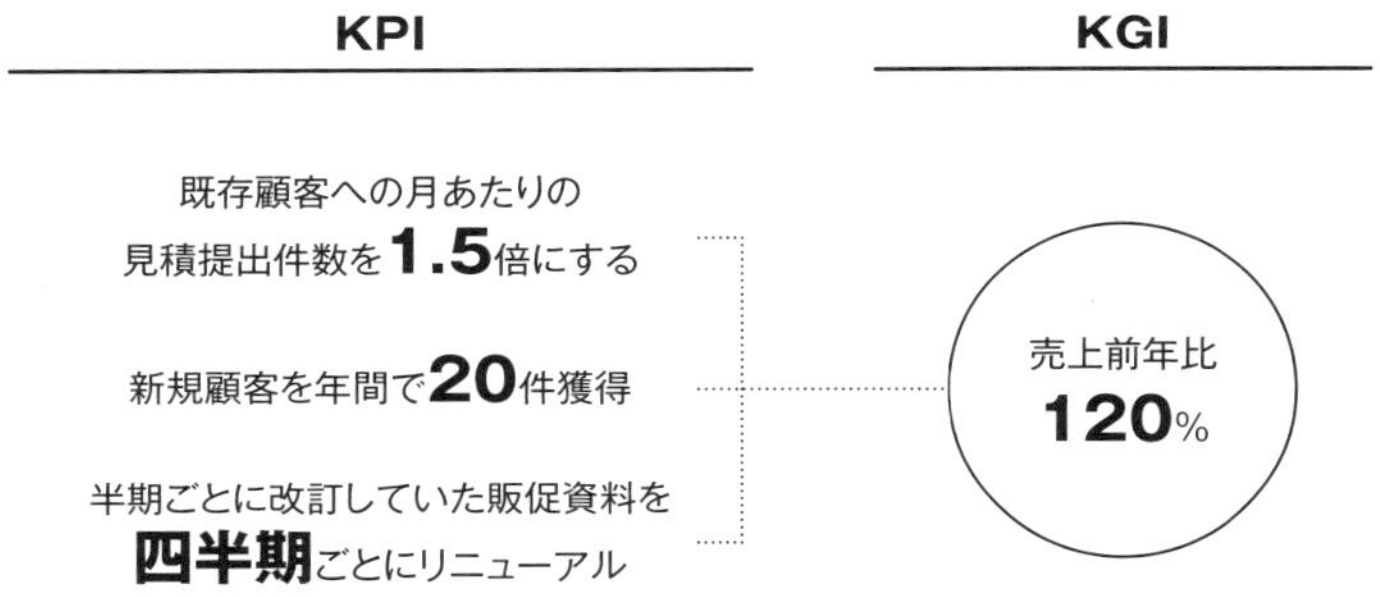

成果につながるKPIを設定するためには

ＫＰＩを設定する場合は、当然のことながら、**成果へのつながりを意識する**必要があります。「ＫＰＩは達成したけれども目標は達成できなかった」というのでは意味がありませんし、ＫＰＩ達成をめざして頑張って取り組んできた当事者のモチベーション低下を招いてしまいます。

ただし、世の中には多様なビジネスが存在していて、「成果」の意味するところも業態によって異なります。どんなビジネスであっても、そのビジネスとして押さえるべきところを外さないでＫＰＩを設定することが重要になります。

たとえば、客数を最大化することが成果につながるファストフード店のような業態であれば、押さえるべきところは「客数」になります。仮に「1日あたりのレジ通過客数を最大化する」という施策が打ち出されたとすると、「注文から商品提供までを1分間で行う」というＫＰＩが考えられます。注文を受けてから1分間で商品の提供ができれば、1レジあたり1時間で60組まで伸ばすことができますが、提供時間が30秒遅くなると40組に減ってしまいますから、「1分間」というＫＰＩが成果に与えるインパクトは大きいといえるでしょう。

あるいは、アパレルのような顧客への説明を要する商品が多い業態はどうでしょう。この場合、販売員の接客のキャパシティーをどれだけ多くできるかという課題の解決が成果につながると考えられますから、「販売員の1日1人あたりの接客件数を○件にする」といったＫＰＩになるかもしれません。

どんな業態であろうとも、**自社のビジネスの特性や成果を踏まえてＫＰＩを設定する**必要があり、これを受けて個々人としてどう行動すればいいのかという視点を常にもつことが大切なのです。

第1章
3

スケジューリング
行動を時系列に落とし込む

年次→月次→週次→日次にブレイクダウンする

計画立案において大切なもうひとつの要素は、「スケジューリング」です。

前述の5W3Hでいうと、計画立案においては、設定した目標が適切かどうかとともに「When」という要素、つまり「**いつまでに目標を達成するのか**」を考える必要があります。目標設定が的確になされていても、達成に至るまでの時間という要素が欠けているようでは「良い計画」とはいえません。

目標が達成に至るまでの期間はさまざまです。1年間や数年間という長いスパンでめざすべき姿を実現したいときもあれば、今月の目標や今週の目標があって、それを達成するために今日という1日で何をすればいいのかという計画を立案する場合もあります。計画立案において達成までのスケジュールをとらえる場合、まず大きく**年次（1年間）から俯瞰して、月次（月ごと）→週次（週ごと）→日次（1日単位）といった具合にブレイクダウンして考える**必要があります。そのときに役立つのが手帳です。

まず1年間のスパンでめざすべき姿を描き、それを実現・達成するための月次、週次の目標を設定し、それに基づいた日次の行動を決めていくという具合です。「実践！手帳術02」を参考にしながら、取り組んでみてください。

実践！

手帳術 02

年間目標を書き込む

ＰＤＣＡを実行するための目標設定を行う場合、たとえば達成期間が約1年であれば、それを月次の目標に落とし込み、各月のページに目立つように記入します。さらに月ごとの目標を達成するためにやるべきことを週次、日次のタスクへと落とし込んでいきます。

しかし、いくら緻密に計画を練っても、すべてが予定どおりに進むわけではありません。

そこで、計画倒れにならないために、定期的な見直しと軌道修正が必要になります。月単位、週単位で進捗状況を確認し、もし計画とズレが出ていたら、その都度修正していくようにしましょう。

具体的には次ページのような手法があります。まずは①達成すべきゴールを設定し、

〈記入例〉

達成すべきゴール

「何を」「どれくらい」やるのか、あるいは「何を」「どのような状態にするのか」を具体的に記入

現状と目標の差異・達成するための行動

「現在地」をはっきりさせ、ギャップを埋める施策を記入。差異を生み出している問題点を明らかにし、その対応についても記入

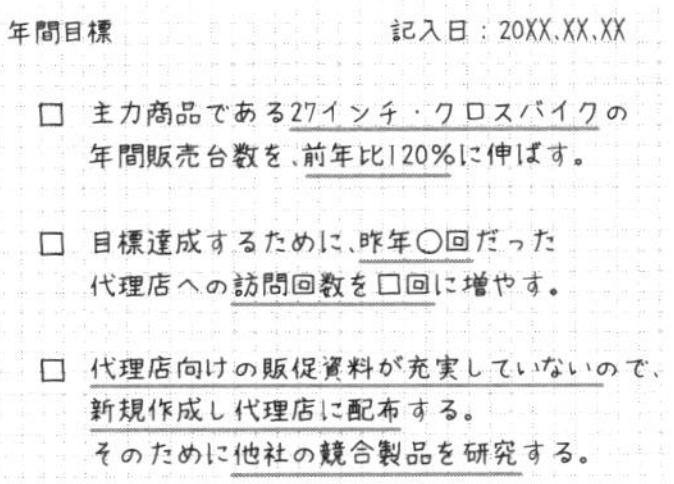

年間目標
記入日：20XX.XX.XX
□ 主力商品である27インチ・クロスバイクの年間販売台数を、前年比120%に伸ばす。
□ 目標達成するために、昨年○回だった代理店への訪問回数を□回に増やす。
□ 代理店向けの販促資料が充実していないので、新規作成し代理店に配布する。そのために他社の競合製品を研究する。

月間ページに目標を記入

○台販売／△回訪問！
11 20XX November
Monday
Tuesday
Wednesday
Thursday
Friday

週間ページに目標を記入

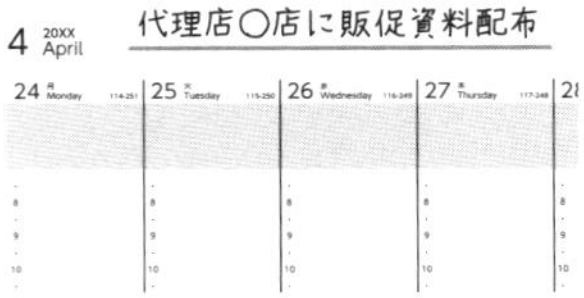

代理店○店に販促資料配布
4 20XX April
24 Monday
25 Tuesday
26 Wednesday
27 Thursday

②現状と目標の差異・達成するための行動の明確化を行います。

つぎに、③目標数値の記入、たとえばカッコ内に前年の数値を記入するなどすると差異がわかりやすくなります。その後、④月間ページへの目標の記入、⑤週間ページへの目標の記入へと落とし込んでいくことで、計画の実行性をより高めることができるでしょう。

年間目標を月次、週次、日次とブレイクダウンする方法として、「ステップ表」を活用するという方法もあります。ステップ表は、計画のうえで達成すべき課題をいくつかのステップに細分化して整理するためのツールです。全体を見ると乗り越えることが難しそうな課題でも、小さなステップに分けて少しずつ乗り越えていけば、ゴールまでのストーリーをイメージすることができます。

〈ステップ表の例〉

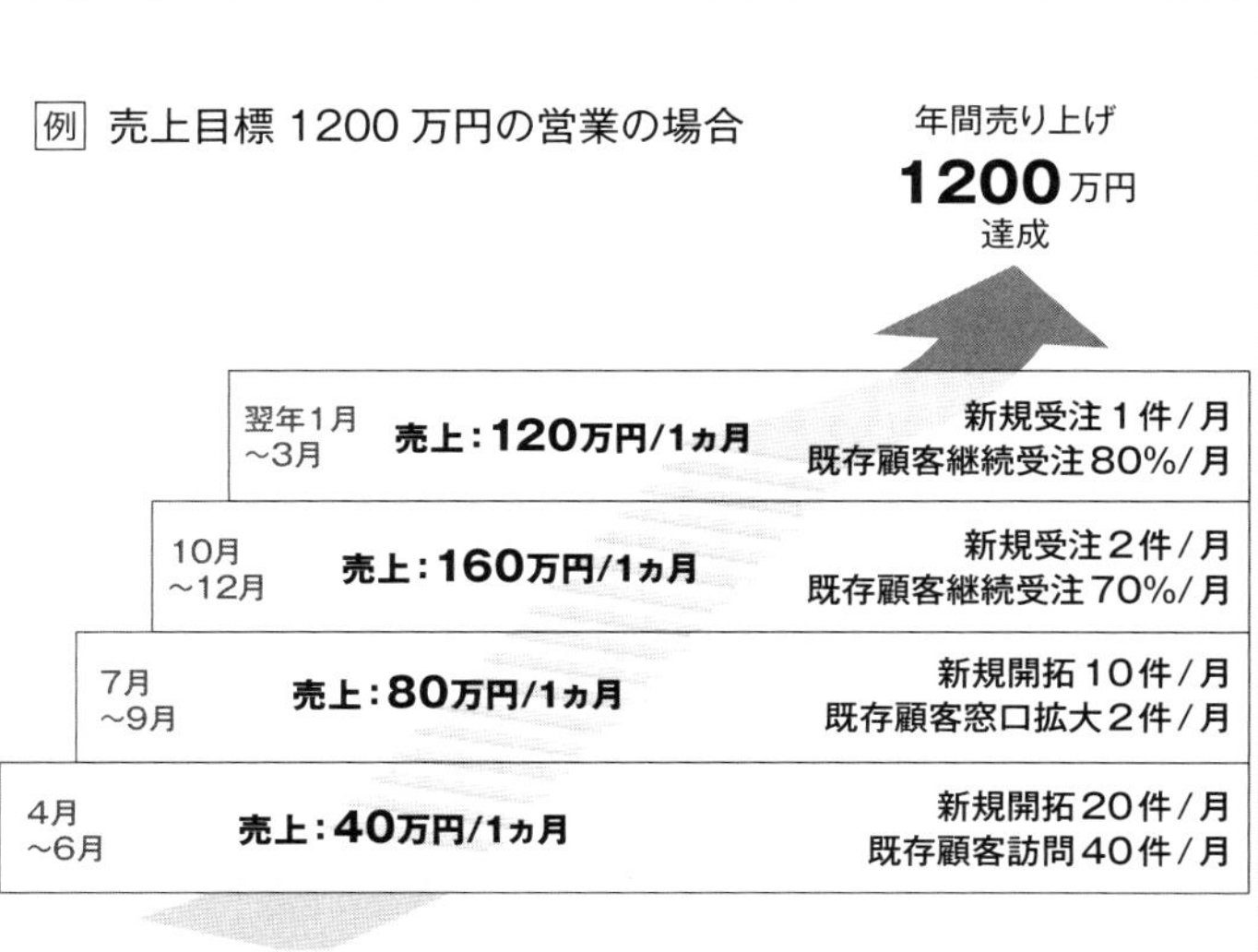

第1章

4

リスクを勘案する

ロードマップ上にリスクはないか

計画の立案において、もうひとつの重要な視点は、**目標達成に至るロードマップ上のリスクを考えておく**ことです。綿密な計画を立てていても、ひとたび事故が発生すれば計画の修正を余儀なくされます。

一般的に、リスク対応には**予防対策**と**発生時対策**の2つの方法があります。予防対策とは、リスクそのものを未然に防ぐための対策で、リスクがどんなときに、どんなところで起きるかを想定し、リスク発生のもとを抑える対策をとることです。一方の発生時対策は、リスクが発生してしまった場合の対策です。リスクが発生した場合、

【図1-6】　予防対策と発生時対策

予防対策	例1	インフルエンザの流行に備えて予防接種を打つ
	例2	店舗のアルバイトと定期的に面談して、退職等の情報を早めに察知する
発生時対策	例1	インフルエンザに罹患した患者の増加に備えてワクチンを備蓄する
	例2	店舗のアルバイトの退職に備えて、求人のための予算を確保しておく

どのような影響があるかを事前に予測し、被害を最小限に抑える方策を考えておきます。

また、業務を進めるにあたって、リスクの発生に特に気をつけたいのは、つぎの６つの領域です。

①新たな試みをしたとき

過去の知識や経験が役に立たないような新たな試みをするとき

②複数の企業や部門が関与しているところ

かかわる人が多くなると、調整が難航したり、利害関係が複雑になる。関係者と情報を共有できないと、期待する成果が上がらないことも考えられる

③指示命令系統、責任体制が不明確なところ

指示命令系統や責任体制が不明確だと、だれの指示や意図を踏まえて何のために行動すべきかを見失ってしまうことも

④スケジュールに余裕がないとき

確認が不十分だったり、拙速に走ってしまったりして、思わぬミスやトラブルを引き起こす可能性がある

⑤外部の環境変化の影響が直撃するところ

トレンドの移り変わりが激しいものは、計画段階ではよくても実行段階になると陳腐化してしまう可能性がある

⑥会社の業績や信用に大きく影響するところ

たとえ小さなミスでも、会社の業績や信用に影響を与えてしまうことがある

手帳にリスクを書き出してみる

たとえば、リーダーが新人に重要な仕事を任せる場合は、予防対策を講じるとともに、あらかじめトラブルやミスが発生した場面を想定し、リスク拡大を最小限にとどめる施策を用意しておきたいところです。具体的には、「品質がニーズを満たしていない」「納期が間に合わなかった」「顧客との人間関係にトラブルが発生した」といった事態を想定しながら、発生したときの対処法を事前に決めておきましょう。

一方、新人の頃は仕事に追われて、「つい電話をかけ忘れてしまう」「重要な連絡が入る時間を忘れて外出してしまう」といったこともあるでしょう。

連絡ミスを避けるための手帳へのリスクの書き出しは、こうした場面でも効果を発揮します。たとえば、自分からかける電話と、かかってくる電話の記入を区別するのもそのひとつ。かける電話のときは○で囲むルールにすれば、手帳を確認したときに混乱せずに済みます（61ページ 図1-7参照）。重要な連絡のときは赤で目立たせるのも効果的です。「電話ならいつでもかけられる」と、つい気軽に考えがちですが、かける約束を忘れれば、信頼を失うことになりかねません。

【図1-7】 リスクの書き出し

〈新人のA君に、X社の案件を担当させた場合のリスクは？〉

品質がニーズを満たしていない	⇒	提出物は、ベテランのBさんのチェックを通してから行うように徹底。
納期が間に合わない	⇒	自分とBさんに週次で進捗状況を報告してもらう。
顧客との人間関係にトラブルが発生	⇒	X社の担当者宛のメールは自分とBさんにもCCを入れてもらい、トラブルの兆候を見逃さない。

ＰＤＣＡを回すうえでのリスク対策として、新人に手帳の記入の仕方をひと工夫してもらうことで、ケアレスミスを防止することが可能となります。

【図1-8】 連絡ミスを防ぐための手帳記入例

自分からかける電話	← ○○氏 TEL
かかってくる電話	○○氏 TEL →

違いがわかるように記入

実践！
手帳術
03

休みの予定を先に書き込む

そもそも、手帳に休みの予定を記入する目的は、「仕事をおろそかにする」ことではなく、「より効率的に仕事を進める」ことが前提です。よって、まず休みの予定を書き込み、その後で仕事のスケジュールを記入していくのも、上手なスケジュール管理方法のひとつです。旅行の計画や友人との約束など、楽しみな予定を入れておくことで、仕事へのモチベーションも高まります。

ワークライフバランスを重視するという観点からも、休みの予定を書き込んだ後にスケジュールを組むことは有効です。プライベートの時間を確保し、大切にするということだけではなく、仕事以外の時間で経験したことから、新たに独創的なアイデアが生まれることもあるでしょう。手帳に休みの予定を書き込み、仕事とプライベートのバランスを意識的にとることで、自身の成長につなげてみてください。

〈記入例〉

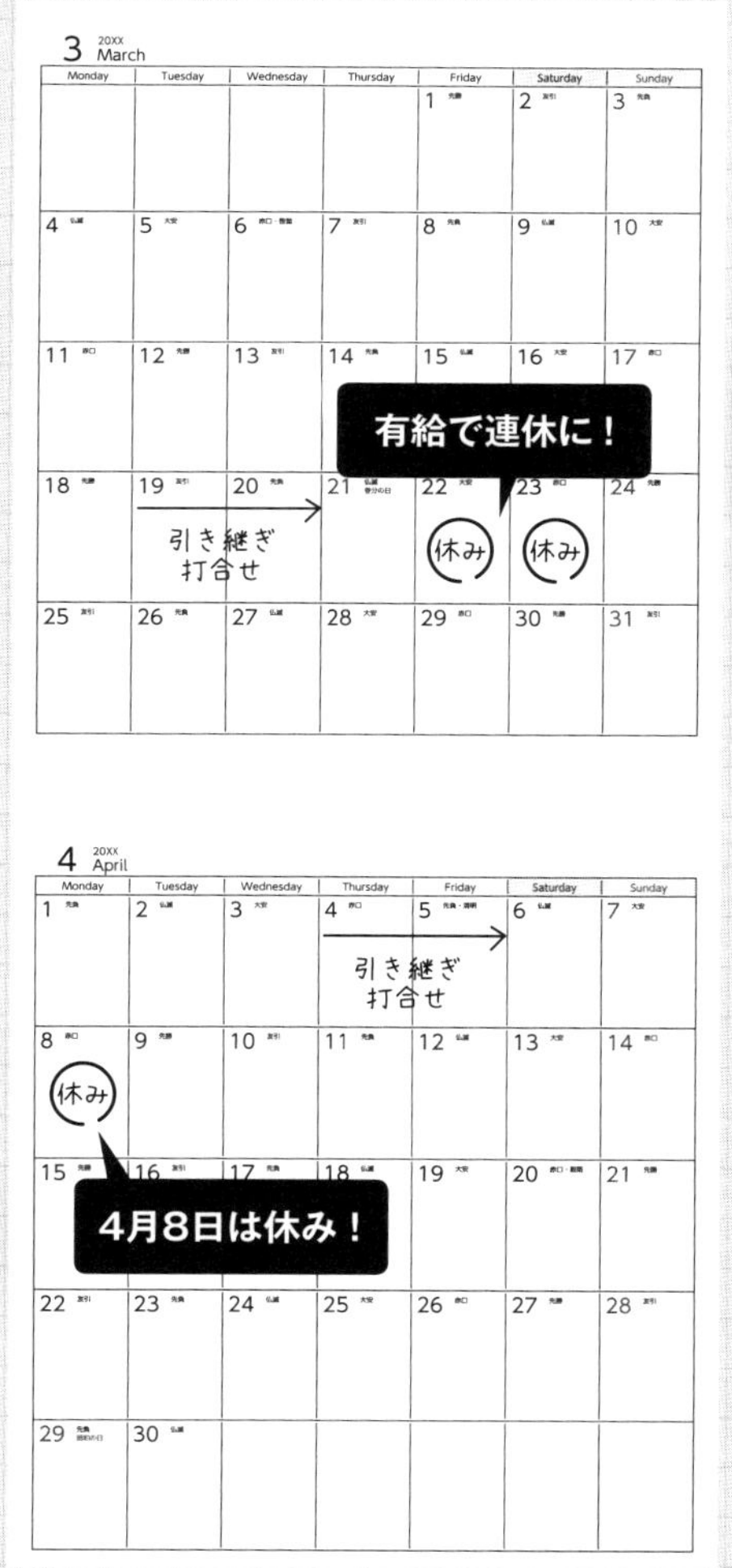

また、2019年4月からの働き方改革関連法の施行に伴い、年間10日以上の有給休暇があるすべての労働者に対し、会社は5日以上を取得させなければならなくなりました。こうした、「有給取得の義務化」に備えて、自分から計画的に休むことを前提とした手帳によるスケジュール管理の方法は、今後ますます重要になってくることでしょう。

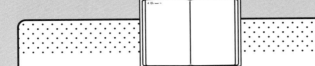

第１章のポイント

☑ 計画とは、現実の状態から目標やあるべき姿にたどりつくためのロードマップ

☑ 計画立案においては、「めざすべき姿や目標を適切に設定すること」「適切なスケジューリング」の２つがポイント

☑ 無理のない計画立案のためには、自分の能力の「現在地」を知り、めざすべき姿や目標との差をしっかりと把握しよう

☑ 目標設定にあたっては、①目標をなるべく具体化する、②どう行動すればいいのかという施策を示す、③現実離れしていないか、の３つを意識しよう

☑ KPI を設定し、途中で成果を確認しよう

☑ 目標達成までのスケジュールは、手帳を活用しながら、まず大きく年次から俯瞰して、月次→週次→日次とブレイクダウンしていこう

☑ 予防対策と発生時対策という２つの視点から、リスク対策も考えよう

第2章

Do

「実行」を妨げる壁を乗り越える

第2章
1

実行を妨げるものは何か？

実行を阻害するのは「内的要因」

「計画（Ｐｌａｎ）」のつぎの段階は「**実行（Do）**」です。

きちんとした計画さえできていれば、ＰＤＣＡサイクルは自ずから回っていくだろう――。そう思いがちですが、実際は、時間をかけても計画したことの半分もできなかったり、途中で挫折してしまったりするケースも少なくありません。

計画どおりに進まないのは、**実行を妨げるさまざまなハードル**が考えられますが、まずはそれらを「外的要因」と「内的要因」に分けて整理してみましょう。

①計画の実行を妨げる外的要因（例）

・トップの方針が変わり、計画段階で設定した目標そのものが変わった
・人事異動で、自身の業務内容が大きく変化した
・災害、事故などの想定外の出来事が発生した

②計画の実行を妨げる内的要因（例）

・日々の業務に追われ、なかなか時間が確保できない
・ある業務にかかりっぱなしで、計画した施策を実施できない
・計画を実行に移す気持ちになかなかなれない

いかがでしょうか。外的要因は自分の力では打開することが困難な事柄ばかりなのに対して、内的要因は自分自身の気のもちようや工夫次第で、解決できそうなものばかりです。よって、計画したことを確実に実行していくためには、**内的要因をまず克服する**必要がありそうです。

そこで第2章ではまず、実行における留意点として、①「実行に必要な時間を確保

する」、②「やるべき業務に優先順位をつける」、③「実行を妨げる『心の壁』を取り払う」という3つのポイントを挙げ、それらについて考えていきます。

【図2-1】 実行を妨げるハードル

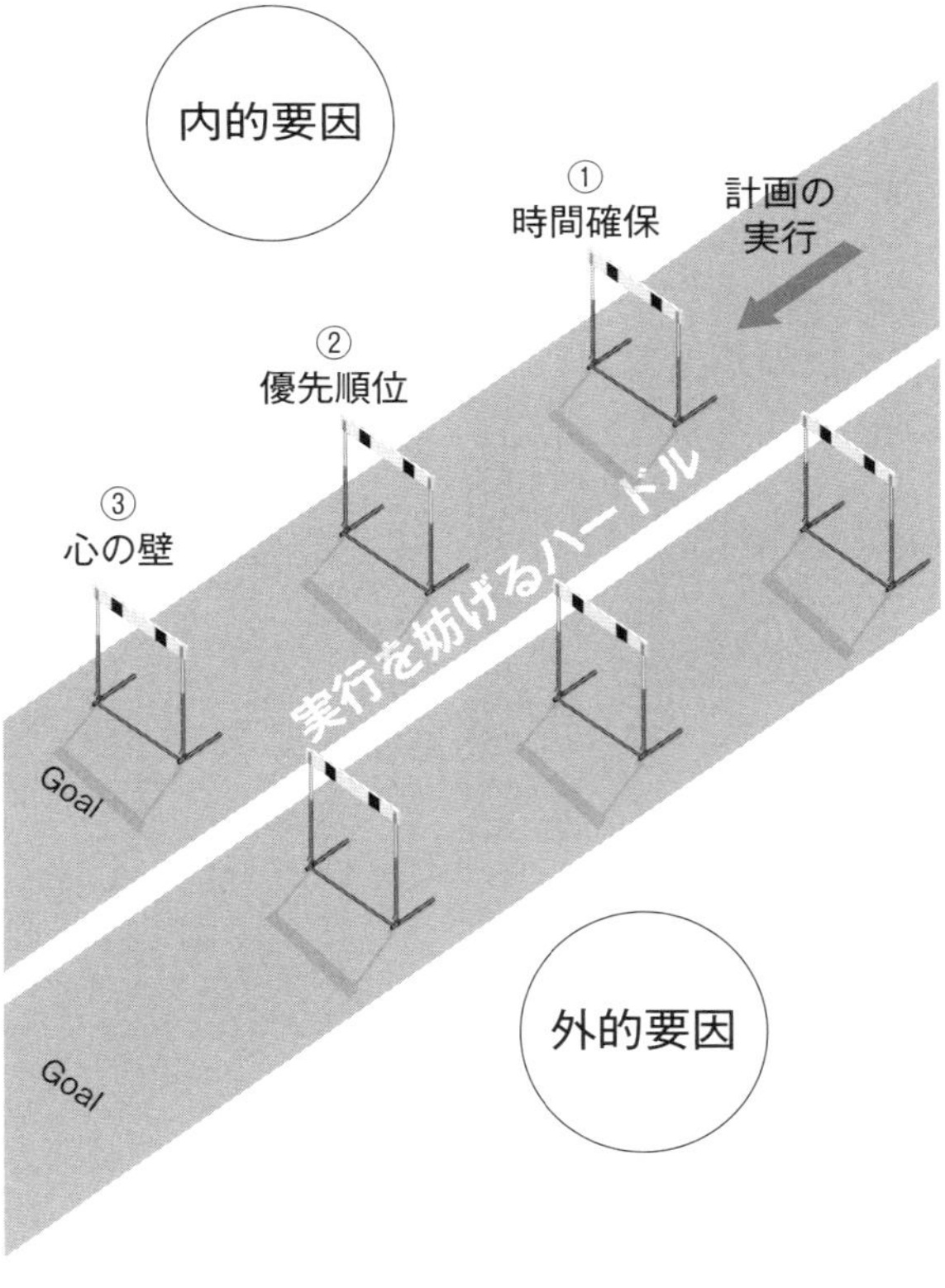

第2章

2

実行に必要な時間を確保する

まずは自分の時間を棚卸し（＝レコーディング）する

昨今の働き方改革の影響もあり、時間の効率化はビジネスパーソンにとって大きな課題であり、できるビジネスパーソンは、ＰＤＣＡを回すにあたっても、時間の効率化を常に念頭に置いています。そこでまず、実行を確実なものにするための「時間の確保」について考えます。

時間管理の基本は、自分の時間の使い方を知ることから始まります。まずは、普段あまり考えることのない時間をどのように使っているのか、記録にとって（＝レコーディング）みましょう。

レコーディングには、つぎの2つの方法があります。実際にレコーディングをしてみると、自分の時間の使い方がいかに偏っているか、あるいは非効率なのかがわかるはずです。

①ざっくりレコーディング

ある特定の1週間にスポットをあてて、ざっくりでいいので自分の行動を記録し、時間の使い方の傾向を探ります。時間の使い方を、つぎのようにグルーピングします。

・生活時間（睡眠時間、食事時間、家事時間、その他）
・仕事時間（仕事時間、通勤時間、学習時間、その他）
・自由時間（趣味時間、交遊時間、その他）

②きっちりレコーディング

意外なところにある、時間をムダに費やしている自分の

【図2-2】 ざっくりレコーディング

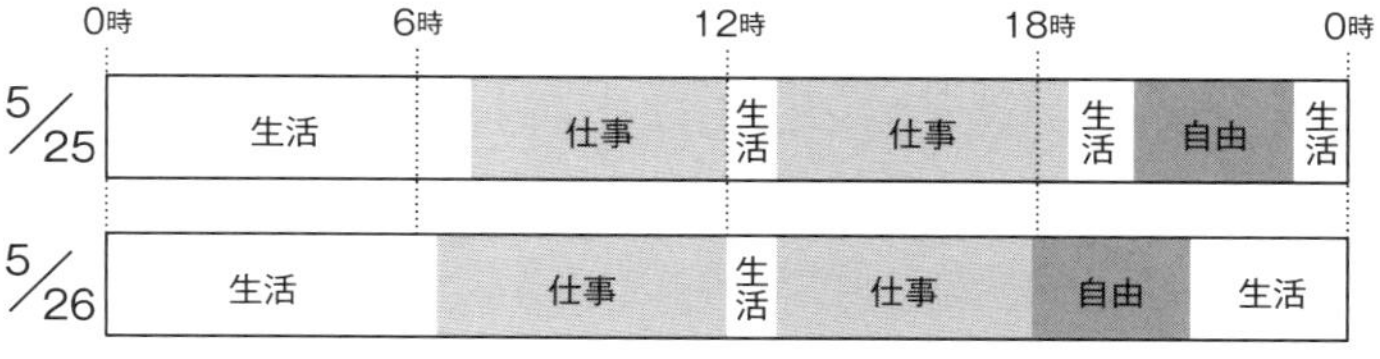

行動を発見するのが目的です。特定の1日にスポットをあてて、30分単位程度で何をしたかを記録します。

レコーディングで時間感覚を養う

レコーディングの目的は、記録することではなく、発見したムダな時間やロスの多い業務を見直すことです。とはいえ、ひとつの作業にどの程度の時間を要するのか自覚している人は多くありません。また、業務には難易度があり、時間をかけず簡単にできる仕事もあれば、時間を要するハードルが高い仕事もあります。しかし、**仕事の難易度にかかわらず費やす時間を把握することは、「実行」にあたっての基本**です。仕事には期限や納期がありますし、必要以上に時間を確保してしまえば、あまった時間＝ムダな時間になってしまいます。多少、遠回りに思えても、あらため

【図2-3】 きっちりレコーディング

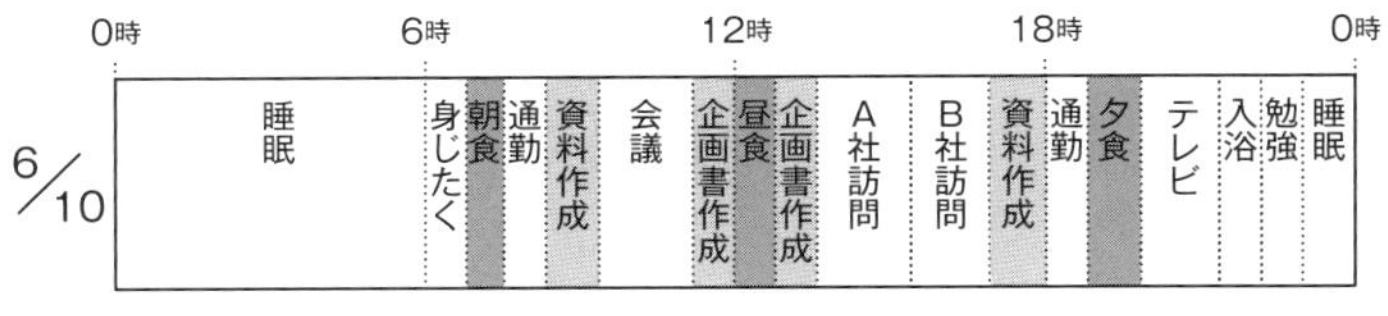

て個々の作業にどの程度の時間をかけて仕事しているのかを、きちんとレコーディングしてみることが大切です。そして、**レコーディングするためのツールとして活用したいのが手帳**です。

レコーディングする習慣をつけると、いちいち記録をとらなくても、「あの仕事であれば、この程度の時間がかかるな」ということが、次第に経験知として蓄積されるようになります。まずは、おっくうがらずに手帳を活用してレコーディングを習慣化し、仕事に費やす「時間感覚」を養ってみてください。

そして、ムダな時間や効率化できる業務を発見したら、手帳のメモ欄に記入してみましょう。

実践！手帳術 04

手帳を使ってレコーディングをする

手帳の「ウィークリー」や「デイリー」のページを使って、1日の出来事や行動を記入していきましょう。そのうえで、メモ欄に気づいたことや改善策を記入します。

〈記入例〉

4 20XX April

24 月 Monday 114-251

睡眠
6 30 起床・洗顔
7 00 朝食
・30 身じたく
8 自宅出発
9 出社
・30 部内Mtg
10 販売会議資料作成
11 代理店Aへ出発
(移動45分)
(昼食・休憩)
12
13 代理店到着・Mtg
14 Mtg終了、担当者打合せ
・30 出発
(移動60分)
15
・30 帰社、報告書まとめ
来客対応
16
17 販売会議資料作成
18 終業、退社
19 夕食
・30 帰宅・自由時間
20

4/24 レコーディングで気づいたこと

◆販売会議資料は、前日に仕上げておけば、もっと早く代理店Aに行けた

◆移動には社用車を利用したが、帰りは渋滞で15分ロスした。

◆昼食をはさんでしまったため、時間のロスが生じた

◆来客対応は、具体的な話ができなかった。事前にアジェンダを共有しておくべき

資料を前日までにつくり、道路が混む前に出発すれば、1日2店訪問できる！

事実ベースで記入

その日の行動を30分単位できっちり記入

必要時間を見積もる

　レコーディングで個々の作業時間の棚卸しをすると、ある作業を遂行する場合のだいたいの「**標準時間**」が見えてきます。しかし、仕事はいつも同じ難易度とは限りません。実際には、標準時間を基準に、何割程度余裕をもたせた時間を設定するのか、逆に標準時間を何割程度カットした時間で対応できるかを検討します。これが「**必要時間**」の見積もりです。

　なお、キャリアが浅いうちは上司のチェックが入ることなどを見込んで、やり直しの時間も確保しておく必要があります。また、別の業務が割り込んでくる

【図2-4】 必要時間の算出

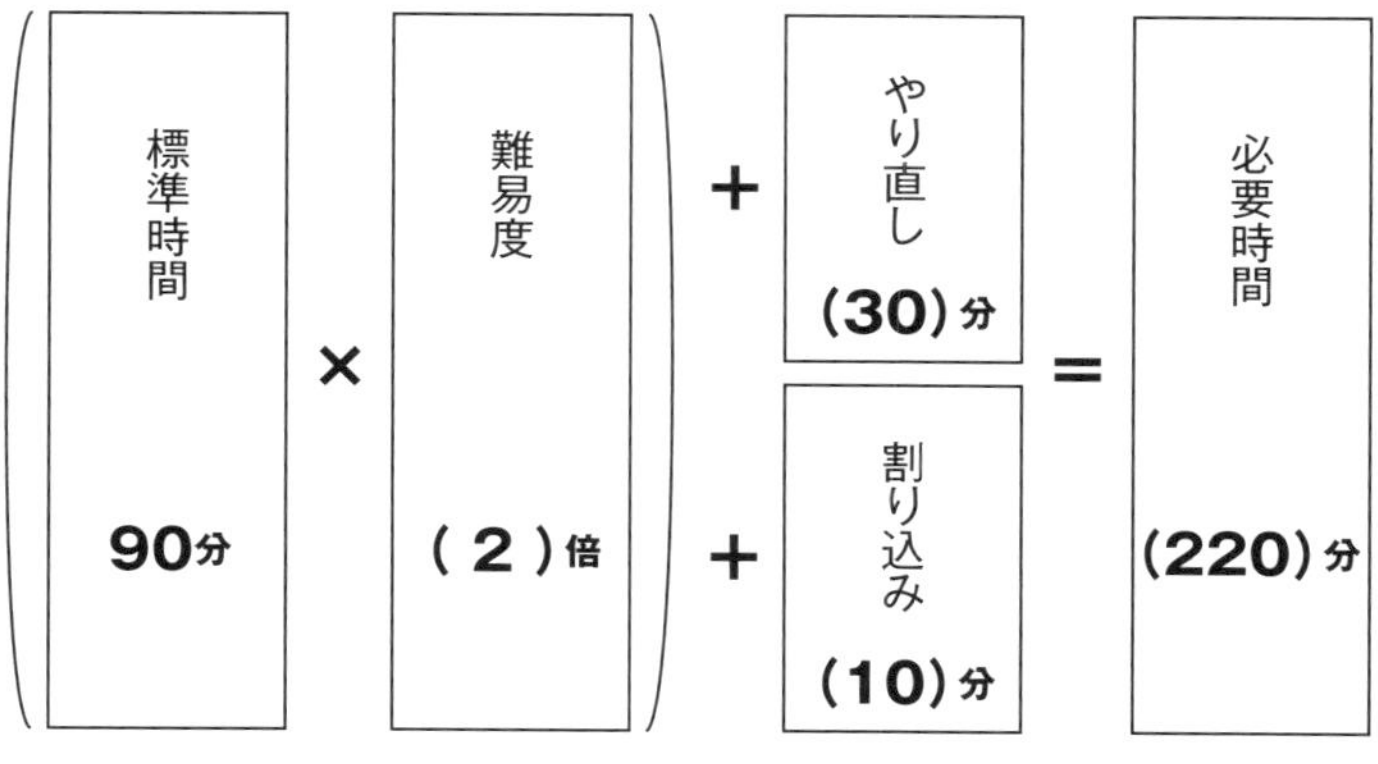

ことも考えられます。そのため、**「必要時間＝（標準時間×難易度）＋やり直し＋割り込み時間」**で算出しましょう。

「合わせ技」で時間を効率化

時間の効率化においては、**複数の仕事をまとめて対応する「合わせ技」も効果的**です。たとえば、仕事において同じ取引先の複数の部署を訪問する場合、打ち合わせを別々の日や時間帯に設定するのではなく、同じ日・同じ時間帯に訪問するように事前調整すれば、移動時間のロスがなくなります。

【図2-5】 同じ作業は一括して処理する

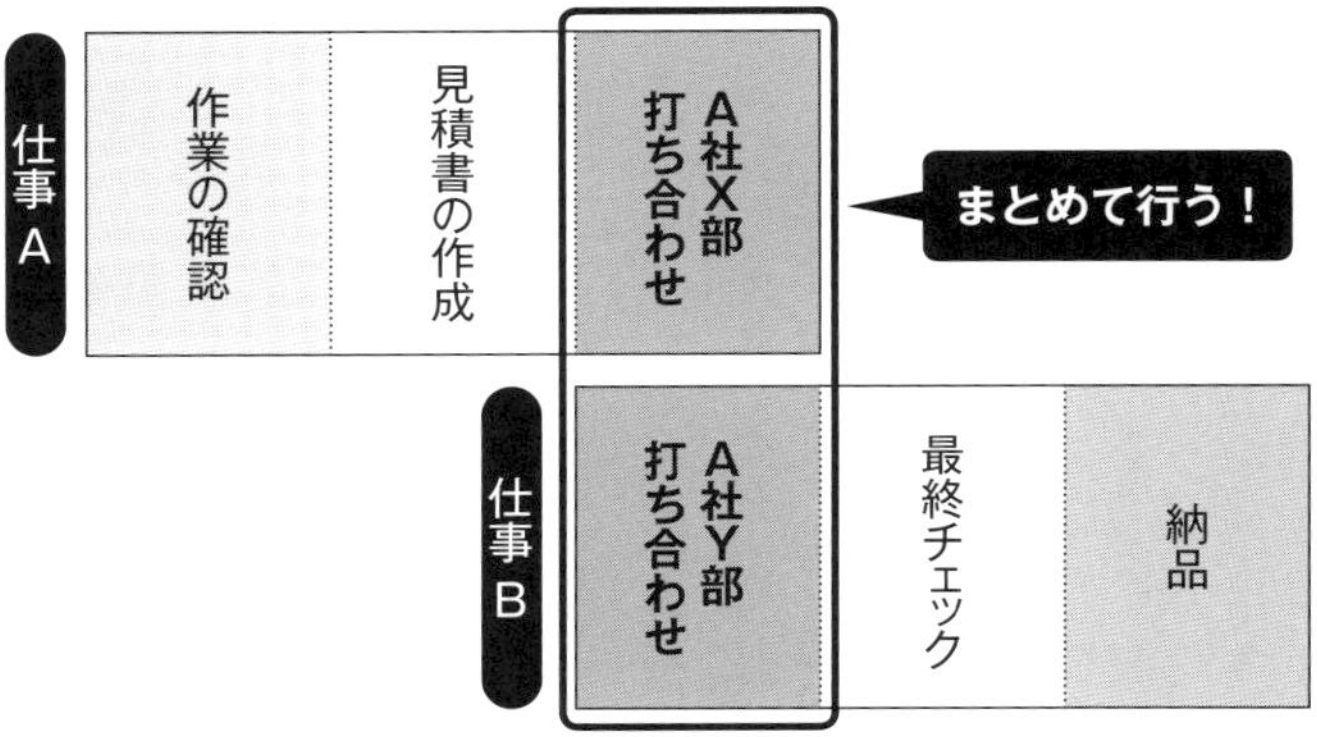

第2章

3 やるべき業務に優先順位をつける

優先順位を決める「緊急度」と「重要度」

実行したいことを確実に行うための2つめのポイントは、「**優先順位**」です。ビジネスパーソンは、日々行うべき多くの業務を抱えていますが、「あれも大事、これも大事」と手あたり次第に実行していては、時間がいくらあっても足りません。おそらく、やることなすことすべてが中途半端なものになり、結果として、何の成果も得られないという状況に陥ることでしょう。よって、業務に適切な優先順位をつけ、優先順位が高い項目から取り組むことがコツになります。

具体的には、**「緊急度」と「重要度」の2つの基準で優先順位をつけます。**

①優先順位1位　「緊急度が高い×重要度が高い」

・緊急度も重要度も高い案件は、まさに待ったなしの課題
・優先順位1位の課題が複数ある場合は、「緊急度」は期限が早いもの、「重要度」は顧客や会社、将来に対する影響度の大きいものを優先

②優先順位2位　「緊急度が低い×重要度が高い」

・実行せずにいると優先順位1位へ移ってしまうこともあるので、時間を確保して着実に処理することがポイント
・緊急度が低いので後回しにしてもよいが、重要度が高い＝影響度が大きい課題であり、成果につながりやすい課題でもある

③優先順位3位　「緊急度が高い×重要度が低い」

・自分にとって重要度が高くなくても、他者にとって重要度が高い課題もあるので、急ぎの課題はすぐに処理する
・課題をたくさん抱えていると思考が混乱しやすいので、効率よく処理すること

でタスクを少なくするのが効果的

④優先順位４位

「緊急度が低い×重要度が低い」

・「やらない」という判断も可

・現時点では、緊急度も重要度も低いと判断していても、状況が変化することもあるので、定期的に振り返ることも大切

優先順位の判断は慎重に

優先順位をつけるときに注意した

【図2-6】 優先順位をつける基準

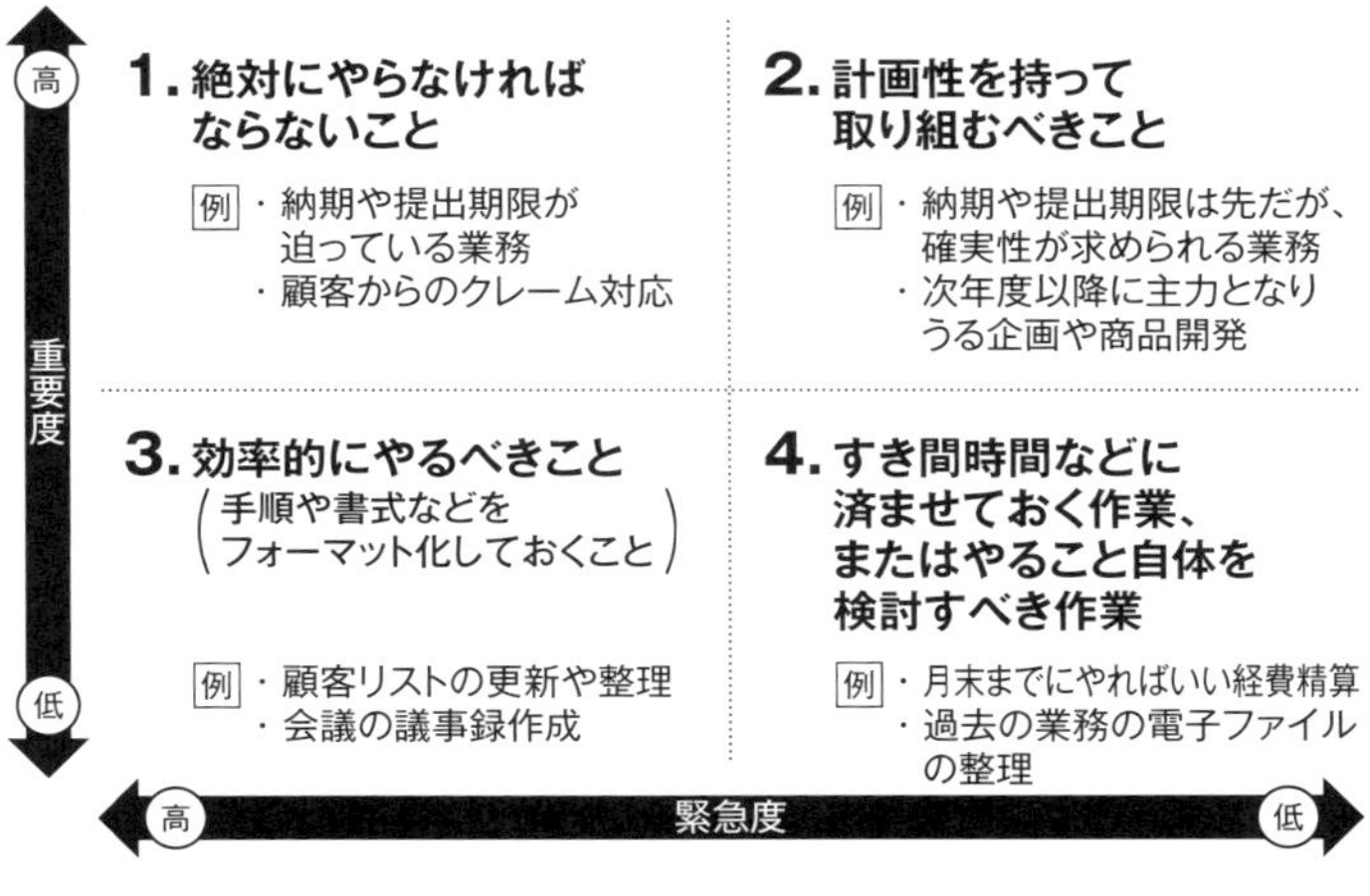

高
重要度
低
1. 絶対にやらなければならないこと
例 ・納期や提出期限が迫っている業務
・顧客からのクレーム対応
2. 計画性を持って取り組むべきこと
例 ・納期や提出期限は先だが、確実性が求められる業務
・次年度以降に主力となりうる企画や商品開発
3. 効率的にやるべきこと
（手順や書式などをフォーマット化しておくこと）
例 ・顧客リストの更新や整理
・会議の議事録作成
4. すき間時間などに済ませておく作業、またはやること自体を検討すべき作業
例 ・月末までにやればいい経費精算
・過去の業務の電子ファイルの整理
高
緊急度
低

いのだ、**「いま」の視点だけで判断しない**ことです。現時点では「緊急度」も「重要度」も高くないと判断されるものでも、早めに解決しておかないと大きな問題に発展するケースも少なくありません。また、突発的に仕事が割り込んでくることもあるでしょう。よって、いったん優先順位を決めたことであっても、週単位や日々のＴｏ Ｄｏリストで見直しをする必要があります。

また、緊急度と重要度のマトリクスで、「本来、時間をかけて取り組むべき業務は何か」「どんな業務に時間がとられてしまっているのか」ということに気づくことも大切です。管理職であれば、日々の業務に追われるのではなく、先を見すえた準備の時間が大切ですよね。営業のような職種であれば、何よりも顧客との接触時間をとることが重要なはずです。

つけた優先順位にあまり自信がもてない場合は、上司や先輩にも相談して、判断に誤りがないかを確認してみることも必要です。

実践！

手帳術 05

仕事に優先順位をつける

手帳の余白やメモ欄に78ページの図2-5のようなマトリクスを書き、業務の優先順位をつけてみましょう。優先順位をつけるとともに、判断した理由も書き留める習慣をつけると、自分なりの判断軸が確立していきます。

〈記入例〉

・A代理店からのクレーム対応 ・B代理店からの見積作成依頼への対応 ①	・次週の代理店訪問アポイント ・販売会議資料作成 ②
③ ・議事録の作成 ・他社研究資料作成	④ ・交通費、経費の精算

①優先順位1位
「なる早」で取り組むべし！

②優先順位2位
来週の仕事にも備えよう！

③優先順位3位
あまり先延ばしはできないぞ！

④優先順位4位
すき間時間に片付けよう！

第2章
4

実行を妨げる「心の壁」を取り払う

3つの「心の壁」を意識する

実行したいことを確実に行うための3つめのポイントは、**「心の壁」を取り払うこと**です。「心の壁」とは、人によって個人差も大きく、具体的に形容しにくいものではありますが、あえて分類すると、つぎの3つが挙げられます。「実行」を確実なものにしていくためには、この壁を打ち破る必要があります。

①「先延ばし」の壁

すぐに対応できたり、締め切りに余裕があったりするのに、切羽詰まった状況にならないと着手しないケースです。締め切り直前にする仕事は粗くなり、ミスも起こりやすくなります。時間的に余裕がある仕事は、早めに着手し、途中経過を確認しながら進めていくことが求められます。

②「余裕確保」の壁

必要以上に多くの時間を見積もって対応しようとするケースです。重要な案件や過去に失敗経験がある案件の場合、どうしても慎重になりがちですが、業務に費やす時間と業務の重要性は比例しま

【図2-7】「先延ばし」の壁

【図2-8 「余裕確保」の壁

せん。当該業務にかかる所要時間を客観的に計算し、ムダな余裕を設けないで、正味の時間を見積もりましょう。

③「同時進行」の壁

複数の仕事を同時に進めようとしてかえって効率が悪くなり、予定どおりに仕事が終わらなくなるケースです。複数の仕事を同時に進めることはよくありますが、「同時発生」と「同時進行」は分けて考える必要があります。同時発生の仕事を直ちに着手してしまうと、事前に決めておいた優先順位が崩れ、その日にやるべき仕事が終わらなくなってしまいます。同時発生した仕事はすぐには着手せず、緊急度と重要度で優先順位を考えて、優先度の高いものから終わらせましょう。

【図2-9】「同時進行」の壁

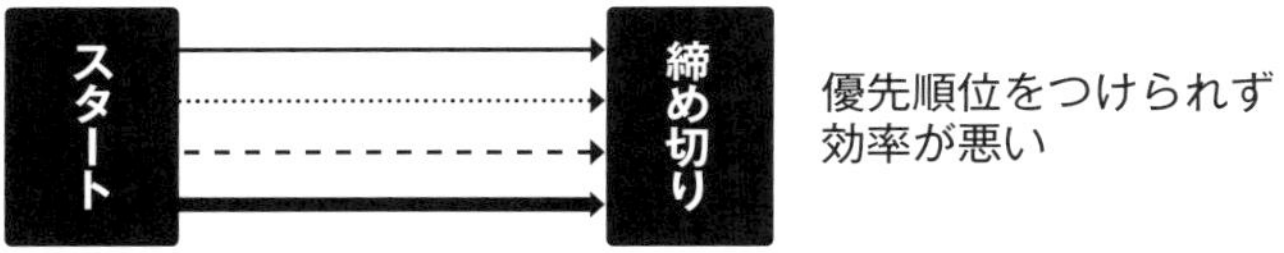

実践！

手帳術 06

仕事にメリハリをつける

３つの壁以外にも、「なんとなくやる気が出ない」「面倒くさい」といった問題を抱えている人もいます。そうしたときは、「大きな仕事・小さな仕事」、または「好きな仕事・嫌いな仕事」を組み合わせてスケジューリングしてみるなど、メリハリをつけてみるといいでしょう。大きい仕事や手間のかかる仕事は、なかなか着手する気にならないものですが、小さな仕事や好きな仕事をしたあと、その流れで取り組めば着手しやすいですし、嫌いな仕事の後に好きな仕事が待っていると考えれば、集中力やモチベーションが高まるはずです。

〈記入例〉

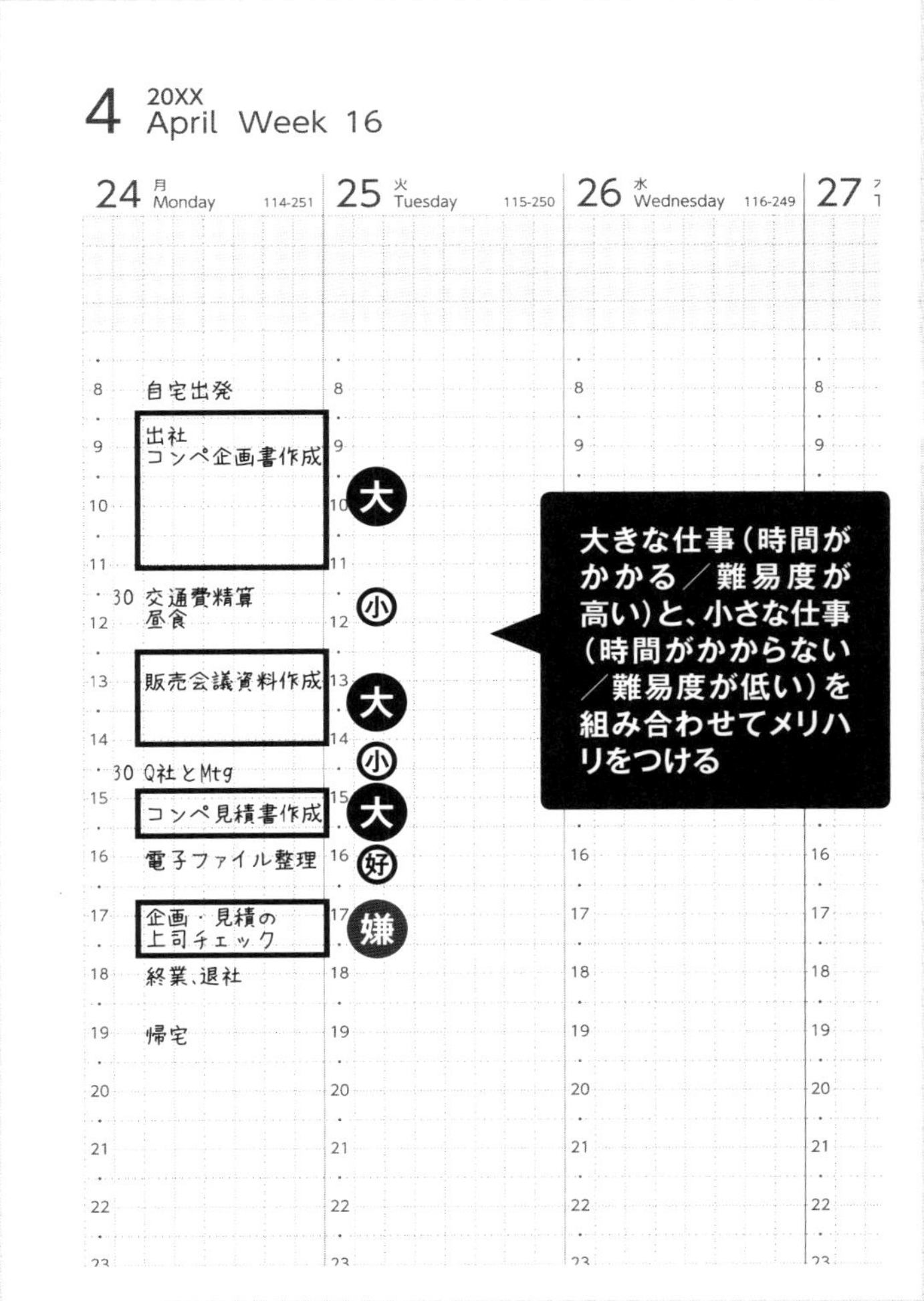
4 20XX April Week 16
24 月 Monday 114-251
25 火 Tuesday 115-250
26 水 Wednesday 116-249
27
8 自宅出発
9 出社
コンペ企画書作成
大
11:30 交通費精算
12 昼食
小
13 販売会議資料作成
大
14:30 Q社とMtg
小
15 コンペ見積書作成
大
16 電子ファイル整理
好
17 企画・見積の上司チェック
嫌
18 終業、退社
19 帰宅
大きな仕事（時間がかかる／難易度が高い）と、小さな仕事（時間がかからない／難易度が低い）を組み合わせてメリハリをつける

第2章

5

ＴｏＤｏリストを活用する

やるべきことを列挙・整理する

日々の業務をモレなく実行するためのツールに「ＴｏＤｏリスト」があります。**ＴｏＤｏリストは、文字どおり「やるべき業務を書き記したリスト」のこと**で、あらかじめ計画されていたさまざまな業務や、日々新しく入ってくる業務をモレなく列挙することが第1の目的です。やるべき業務を列挙したら、76ページで紹介したように、緊急度と重要度の基準で優先順位を決めて整理し、リスト化します。

計画どおりに実行できない、ＰＤＣＡを回せない理由として、「やるべきことがたくさんありすぎて……」と言い訳する人がいますが、具体的に「どれだけたくさんあるのか」を数えてみたことのある人は少ないはずです。ToDoリストを使って、「たくさんある」業務を具体的に見える化して、モレなくやりきる習慣をつけることも、PDCAの「実行」段階では重要なのです。

1日完結が基本

ToDoリストは、手帳の余白やメモ欄を活用してもいいですし、パソコンやスマートフォンのアプリを使用してもかまいません。ただし、1日で完結させるのが基本です。

やり終えた項目には、✓印をつけたり二重線を引いて消します。この作業によって、「今日は、これだけの業務を片づけることができた」という達成感が生まれ、仕事へのモチベーションが高まります。

なお、その日1日でできなかったことは、いったんリセットしてつぎの日のToDoリストに書き写し、新たな項目と照らし合わせながら、再度優先順位を考えます。

「やらないこと」「人に任せること」も整理する

ＴｏＤｏリストに挙げた項目は、**すべてを1人でこなす必要はありません。**「やらないこと」や「人に任せること」を決めるうえでの判断材料として使ってもいいのです。

ただし、「やらない」「人に任せる」といった判断をするときに注意したいのは、「面倒くさい」「興味がない」といった自分本位の理由で決めないことです。「慣例化しているけれども、やめても影響はない」「自分よりも他のメンバーのほうがノウハウをもっていて、頼んだほうがスムーズにいく」といった納得のいく理由づけが必要になります。また、手間がかかり効率が悪いと判断した業務は、社外の協力会社に発注するという選択肢もあるでしょう。

実践！

手帳術 07

ToDoリストの作成例

1日完結が基本のToDoリスト。つぎの例を参考に作成しましょう。

〈記入例〉

優先順位をA·B·Cでランクづけ

水曜日

- ☑ B社訪問日程調整（クレーム対応）【A】
- ☑ C社案件の見積書提出【A】
- ☑ D社○○氏営業アポイント【B】
- ☑ E社案件業務スケジュール表提出【B】
- ☑ 月末定例会議議事録作成【C】
- ☑ 四半期販売会議資料作成【C】
- ☑ 社内報原稿チェック【C】→Xさんに依頼

人に任せる

木曜日

- ☑ C社案件の契約書作成【A】
- ☑ D社○○氏打ち合わせ資料作成【B】
- ☑ E社案件アポイント【B】
- ☑ 月末定例会議議事録作成【B】
- ☑ 四半期販売会議資料作成【C】
- ☑ DM発送50件【C】→Y社に発注
- ☑ 社内研修申し込み【C】→今回は参加しない
- ☑ 月末個人経費精算【C】

やめる　**外注する**

column

複数の手帳を使い分けるとき

手帳を2冊もつときの最大のネックは、更新情報をどう同期させるかです。手帳Aにはスケジュールがすべて記入してあるけれども手帳Bへの転記を忘れた、といった場合は手帳Aだけを信用すればいいのですが、手帳Aに書かれていないスケジュールが手帳Bだけに書いてあったりすると、予定をすっぽかしてしまったり、ダブルブッキングしてしまう原因になってしまいます。

こうしたことを避けるためには、メインで使う手帳を決めておき、最新情報はまずその手帳に記入して管理することです。「どっちでもいいや」と気まぐれに使わないで、メインとなる手帳にビジネス・プライベート問わず、すべてのスケジュールを必ず記入するクセをつけることがポイントです。

2冊目の手帳の用途は、プライベートの趣味や日記といった性格が強いもの。メインの手帳に記入したスケジュールを転記しながら、趣味やプライベートのことを記入するようにしましょう。

第2章
6

実行したことは記録として残す

実行したことを「やりっぱなし」にしない

ここまで見てきたように、さまざまな壁を排除しながら計画立案したことを実行に移していくわけですが、ＰＤＣＡを回すうえでは、実行したことを「やりっぱなし」にしないことも、大きなポイントとして挙げられます。**実行してきたことを後々の振り返りのために記録として残しておくことは、適切な検証（Ｃｈｅｃｋ）には欠かせないからです。**

第１章でも述べましたが、手帳に書き留めたことは、手帳を紛失でもしない限り必ず手元に残りますから、検証を行ううえでの貴重な記録となるのです。

「忘れる」「曖昧」になる記憶を「書く」ことでカバーする

手帳を使うことに抵抗感がある人は、「書く」という作業が面倒だと考えていることが多いようです。「その日の予定は流動的だから手帳に書いても意味がない」と考える人もいれば、「手帳は予定の変更などに対応しにくい。スマホがあれば十分」という人もいます。

しかし、この「書く」という行為や、「修正する」という一手間こそが、手帳の強みであり、できるビジネスパーソンの良きパートナーになる理由です。

なぜかというと、**「書く」という作業によって記憶が定着し、「忘れる」「記憶が曖昧になる」という現象を低減してくれる効果があるから**です。

最近は、セミナーなどでもステージの大画面に映し出されたプレゼンテーションツールを活用して話をする人が増えています。文字ばかりの資料を配って話すよりも、視覚に直接訴えかけるツールを使って話したほうが理解しやすいですし、訴求力も期待できます。しかし、会場は暗く、聞き手の多くは顔を上げ、画面を見ながら聞くことに集中しています。結果、メモをとるという行為がおろそかになり、その場では印象に残っても記憶には定着しないということが起こりがちです。

どんなに記憶力の良い人でも、「忘れる」ということに無関係な人はいません。心理学者のヘルマン・エビングハウスが発見した「忘却曲線」によると、記憶を定着させるためには、目や耳だけでなく、手も動かす（メモをとる）ことが大変効果的だとされています。**相手から受け取った情報を、自らの手（言葉）で記録するという行為を経ることで、記憶を定着させる**のです。

また、「修正」作業も、以前書き込んだ記録を再認識し、あらためて考えるきっかけになります。記憶の定着や思考を掘り下げるうえでも有効だということです。

実践！

手帳術

08

手帳に書き込んだことを修正するときは……

スケジュールが変更になったとき、前の予定を消去してしまう人がいます。しかし、修正前の予定も、「修正が発生した」という事実（情報）のひとつ。二重線などを引くだけにとどめておきましょう。なぜならば、あとで手帳を見返したときに、「なぜ変更になったのか」「最初から予定にムリがあったのではないか」といった振り返りの材料としても活用できるからです。

また、修正前の予定にナンバリングをし、修正後の情報に同じナンバーを記載すると、「どのくらい予定が延びたのか（あるいは繰り上がったのか）」を振り返りやすくなります。

〈記入例〉

14	Mtg終了、担当者打合せ	14		14
·30	出発	·		·
15	(移動60分)	15	展示会場発 ②	15
·30	帰社、報告書まとめ	·30	P社来客 ①	·
16	~~P社来客~~ ①	16	報告書まとめ ③	16
·		·30	~~展示会場発~~ ②	·
17	販売会議資料作成	17	~~帰社、報告書まとめ~~ ③	17

繰り返し確認する習慣をつける

手帳の良さは、軽くて持ち歩きに便利なことです。電車で移動するときや、ちょっとした**すき間時間にページをめくりながら、書き留めた情報を確認する**ことができます。持ち歩きやすいという点についてはモバイル端末も負けてはいませんが、自筆の文字が記入してあるページを縦横無尽にめくるという行為は手帳ならではのものです。デジタル端末のようにインターネットに接続して補足情報を調べたり、チームでスケジュールをリアルタイムで共有したりといった使い方はできませんが、アナログな媒体ならではのメリットもたくさんあるのです。

感想や意見を書き込むと「考える力」が向上する

予定を書き込む、あるいは行動を記録するという機能のほかに、手帳にはもうひとつの役割があります。それは、「考える」ための道具であるということです。

手帳には、「メモ欄」がついています。メモ欄は自由なスペースで、何を書くかは使う本人次第です。**「書く」という行為は情報を整理するうえで有効であると同時に、物事を「考える」行為でもあるからです。**

私たちは、頭のなかにあるさまざまな情報を組み立てながら言語化しています。「書く」という行為は、言語化された情報を文字にすることで客観化する作業です。文字として記録された情報を見て、私たちはさらに思考を深化させ、新たな言語を紡いでいくのです。

そうであるならば、手帳のメモ欄を、徹底して「考える」ためのスペースとして活用してみるといいでしょう。読んだ本を感想とともに書き留める。日々の仕事や暮らしのなかで浮かんださまざまな発想を書き留める。さらには、今後の仕事に関するプランをチャート化して描いてみる……このほかにも、さまざまな使い方が考えられます。

そして、記録したことは時々、パラパラとページをめくりながら見返す。そうすることで、さらに新しいアイデアが浮かんでくるでしょう。

手帳を見返すメリットを少し挙げてみましょう。

・過去の仕事を振り返ることで、別の仕事のアイデアが生まれる
・いつ、だれと面会したかを書き留めておけば、人脈の整理・拡大につながる
・業務上で提出したものや、受け取ったものがいつだったかを書き留めておけば、提出忘れ、返却忘れを防ぐことができる
・会社の幹部や著名人の講演会などで印象に残った言葉を書き留めておき、自分の朝礼やスピーチで引用する

会議を円滑に進めるファシリテーターは、さまざまな意見をホワイトボードに残しながら、参加者の脳を活性化させようとしますし、そのほうが参加者も自分の考えをまとめやすいですよね。

それと同じく、手帳に「書く」ことで、実行を確実なものにするとともに、**クリエイティブな思考の広がりも期待できる**のです。

実践！
手帳術
09

付せんを使って手帳の機能を拡大する

「貼る」「はがす」といった作業が手軽にできる付せんを手帳にプラスして、スケジュールや情報を管理するツールとして活用してみましょう。

● To Doリストとして活用

まず付せん1枚にTo Doを1項目ずつ書き出し、それを優先順位や期限によって並び替えながら、手帳のメモ欄に貼っていきます。作業を書き出し、並び替えて貼る作業によって、やるべき事柄が整理できます。付せんは、仕事の進捗具合によって簡単に並び替えたり、翌週のページに移動させたりできるので、予定の変更があってもフレキシブルに対応できます。

手帳を開くたびに付せんを整理することが、To Doリストの更新となり、仕事の抜けモレを防ぎ、ＰＤＣＡを回すうえでの振り返りや改善を促すことになるので、ぜひ習慣づけたいものです。

●情報管理に活用

サイズが小さい付せんは情報管理にも便利です。持ち歩いて、気になったことがあれば、その場ですぐに付せんに書き留め、手帳に貼り付けておく。そうすると、手帳がスクラップブックのようになり、さまざまな情報管理ができるようになります。カテゴリー別に、付せんの色を変えて分類してみるのもよいでしょう。

ただし、何度も付せんを移動したり、長期間貼っておいたりすると付せんの粘着力が弱まってはがれやすくなるので注意が必要です。必要な事項は手帳に書き写したり、付せんの移動や貼り直しが多い場合は粘着力の強い付せんが市販されていますので、用途に応じて使い分けてみてください。

●プラスαの活用法

手帳と親和性が高い文房具である付せん。Ｔｏ Ｄｏリスト、情報管理のほか、つぎのような活用法がありますので、試してみましょう。

①タスク管理

毎日のタスク（やるべきこと）が多いと手帳に書ききれないので、付せんを活用します。完了したタスクをはがして捨てれば、達成感が味わえます。使い方としては、タスクの緊急度・重要度に応じて位置を変える（緊急なものは上に集める）、付せんの色を変えるといった方法があります。

〈記入例〉

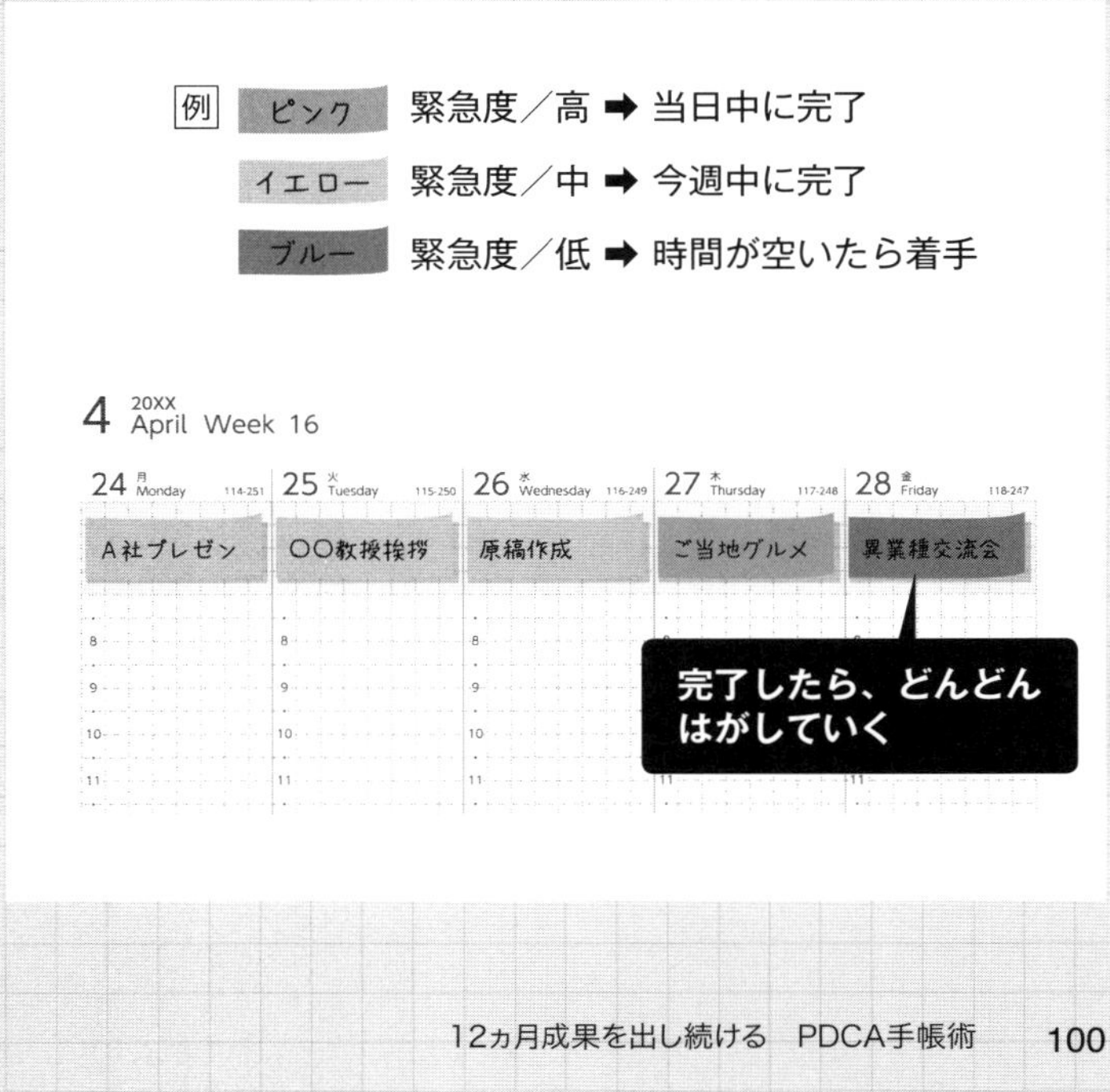

② 仮のスケジュールに付せんを利用

手帳の記入にボールペンを使っている場合、スケジュールの変更が生じると修正で紙面が見づらくなったり、消し忘れて正しい情報がわからなくなったりします。

そこで、仮のスケジュールや変更する可能性が高い予定がある場合、付せんを活用するのもひとつの手です。変更が生じても、付せんならばはがして新しい予定の場所に貼り替えるだけで済みます。予定が確定してから、正式に手帳へ記入しましょう。

〈記入例〉

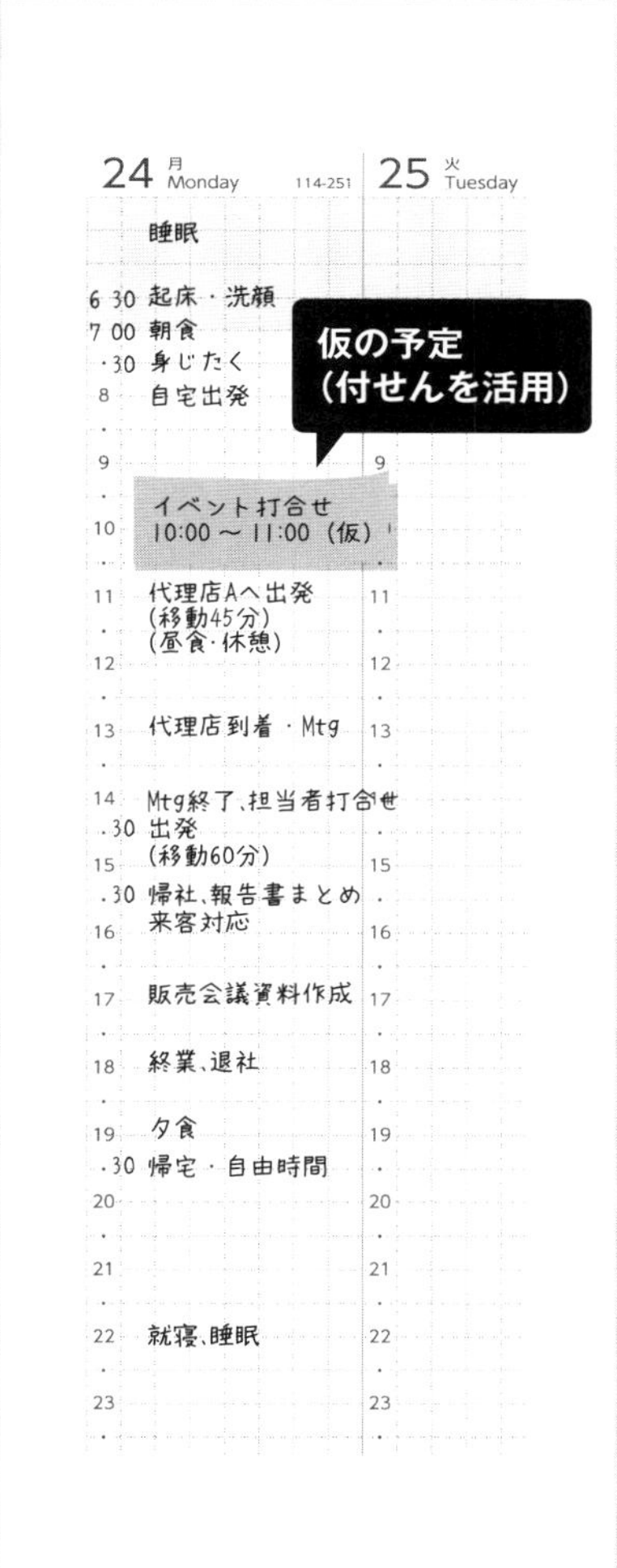

③アイデアの書き留めに付せんを使う

移動や打ち合わせの最中に、ふとよいアイデアが浮かぶことがあります。そんなときは付せんにメモをして手帳に貼れば、アイデアを忘れることなく、あとで整理することができます。

雑誌や新聞で参考になる情報を読んだときや、広告のキャッチコピーにインスピレーションを感じたときにも、この方法は役立ちます。とっさの思いつきは、後回しにすると忘れてしまうものです。身近にあるメモに書くという方法もありますが、紛失したり、書いた場所がわからなくなったりする可能性もあります。これに対して付せんであれば、あとから見返して必要なければ捨てればよいですし、必要なものはテーマごとに分類して、手帳のメモページやノートなどに整理しておけば、自分だけのアイデア情報ツールとして活用できます。

〈記入例〉

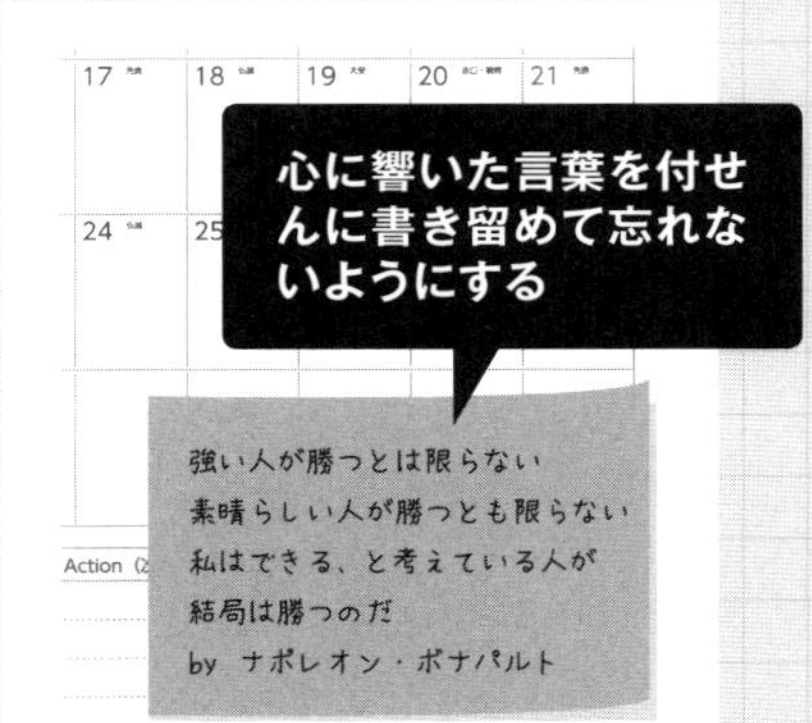

④付せんを手帳に準備する

ここまで、付せんを活用するための具体例を紹介しましたが、これらを実践するには、常に手帳と付せんを一緒に持ち歩いていることが前提となります。手帳に差し込んだり、貼り付けたりするタイプの付せんセットも市販されているので、自分に合ったタイプのものを活用してみましょう。

好みの付せんを使いたい場合は、手帳の空いたスペースに付せんを貼り付けてストックしておきましょう。枚数が多く、分厚いままの状態で貼ってしまうと、重みで取れやすくなったり、紙面がデコボコしたりして記入しづらくなるので、10枚程度をこまめに補充することをおすすめします。

また、紙のページに貼ると取れやすいため、付せんの糊部分と接着する紙面には、セロハンテープなど表面部分がツルツルした素材のものを貼っておくと取れにくくなります。

〈記入例〉

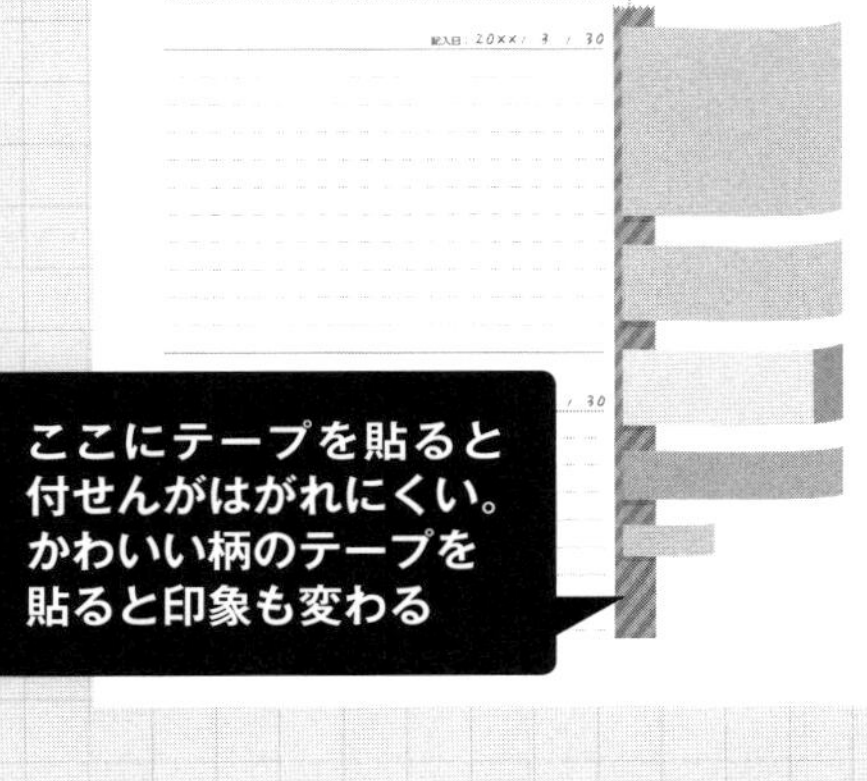
記入日：20××／3／30
／30
ここにテープを貼ると
付せんがはがれにくい。
かわいい柄のテープを
貼ると印象も変わる

column

オリジナルデータバンクによる日々の健康管理

常に持ち歩き、手軽に記入できる便利な手帳。これを仕事以外の場面でも活用しない手はありません。自身の大切な日々の情報を記入しておけば、オリジナルのデータバンクとしての機能を発揮します。手始めに、健康、お金、趣味、家族に関することなど、興味のあるところからデータとして記録してみましょう。

すぐにできて便利なものとして、自身の健康に関するデータの記入をおすすめします。食事のメニューやカロリー、体重、飲酒の回数などは記入も簡単です。ダイエット中の人や血圧が気になる人もぜひ試してみてください。

次ページの記入例は、飲み会、スポーツジム、体重の記録をとっているものです。たとえば、ダイエット目標がある場合、飲み会ごとに何杯飲んだのかをチェックしておきます。予定よりもオーバーしてしまった場合には、翌週は酒量を減らすなど、蓄積したデータを活かした生活習慣の見直しが可能となります。また、スポーツジムに通った回数も、運動量の目安となり、自分の健康管理に役立てることができます。

この他、オリジナルのデータバンクは病気の早期発見といった「いざというとき」にも役立ちます。一つひとつの数字やメモを断片的に見ているだけでは気づかないこと、わからなかったことも、月や単位を一覧でまとめてみることで、自身の変化がよくわかります。

余裕があれば、記入したデータをグラフにするなどビジュアル化してみてもよいでしょう。そこから、これまで見えていなかった新たな情報が見えてくるかもしれません。

〈記入例〉

○　：ジムに通った日
数字：お酒の杯数
体重：毎週日曜に記入

定期的に体重や飲んだ量を記入して、今後の健康管理に役立てる

4 20XX April

Monday	Tuesday	Wednesday	Thursday	Friday	Saturday	Sunday
1 先負	2 仏滅 ○	3 大安	4 赤口 ○	5 先負・清明 3	6 仏滅	7 大安 66.5
8 赤口	9 先勝 ○	10 友引	11 先負 ○	12 仏滅 2	13 大安	14 赤口 66.4
15 先勝	16 友引	17 先負	18 仏滅	19 大安 5	20 赤口・穀雨 3	21 先勝 67.3

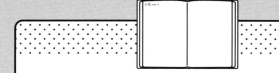

第２章のポイント

☑ 実行にあたって大切なのは、①必要な時間を確保する、②やるべき業務に優先順位をつける、③実行を妨げる心の壁を取り払う、の３つ

☑ 必要な時間を確保するためには、まず自分の時間の使い方を知ること。手帳を活用した「レコーディング」が有効

☑ 「緊急度」と「重要度」の２つの基準で、やるべき業務に優先順位をつけよう

☑ 実行を妨げる３つの心の壁（先延ばし、余裕確保、同時進行）を打破しよう

☑ １日のやるべきことを、優先順位をつけて列挙・整理した To Do リストを活用しよう

☑ 手帳に手書きすることによって「忘れる」「曖昧になる」ことを防ぎ、考える力を向上させる

第3章

Check

PDCAのキモとなる「振り返り」

第3章

1 PDCAにおける「Check」の意味を理解する

「D」と「C」の間に横たわる溝

ＰＤＣＡサイクルの**「P」「D」と「C」「A」の間には、深い溝**があります。計画→実行というプロセスは連動していますが、日々の業務に追われてしまい、実行したことを検証する時間が確保できない。よって、検証というプロセスはないがしろにされ、結果として改善にもつながらない……ＰＤＣＡの挫折です。

ただし、逆の見方をすれば、立てた計画と実行とのギャップをきちんと分析する「Ｃ」さえうまく乗り越えれば、「ＰＤＣＡを回し続ける」という課題は、解決に向けて大きく前進することになります。よって、**PDCAにおける「C（検証）」は、PDC**

Aを回し続けるうえでキモといえるプロセスであり、改善に向けたこの作業にこそ、ビジネスパーソンとしての成長基盤であるといえるでしょう。

なお「検証」というと、定量的な差異の分析を行うイメージがありますが、施策や行動には定性的な要素も多いため、本章では「振り返り」という言葉も併用していきます。両者ともにＰＤＣＡにおける「Ｃｈｅｃｋ」だと認識してください。

失敗を反省することだけが「C」ではない

振り返り＝「反省」、と考えている人が少なくありません。つまり、実行の過程での失敗だけを取り上げて、「何がいけなかったのか」と二度と同じ過ちを繰り返さないようにする行動こそＣｈｅｃｋだととらえている人が多いということです。

しかし、ＰＤＣＡにおけるＣｈｅｃｋと反省は違います。**ＰＤＣＡにおけるＣｈｅｃｋとは、成功したことも含めて実行した内容を客観的に評価すること**です。ミスやトラブルだけにスポットをあてるのではなく、実行過程をトータルに見つめ直し、当初の計画とのギャップを抽出し、評価の根拠となる理由を探っていく作業を意味するのです。

また、振り返りは「感想」のレベルでとどまっていても意味がありません。「総体的に良くできた」「失敗もしたが、実績が上がった部分は評価すべき」といった曖昧なものでは、何を改善していけばいいのかが不明です。成功、失敗にかかわらず、あらゆる施策や行動を振り返りの対象に挙げる必要があります。そのうえで「どうすれば改善できるのか」という、具体的な方向性を見出していくのです。

振り返りをするときのポイントは、まず**視点が偏らないようにすること**が大切です。良かった点だけ、あるいは悪かった点だけに偏らない、あるいは結果を左右する

【図3-1】 振り返りとは

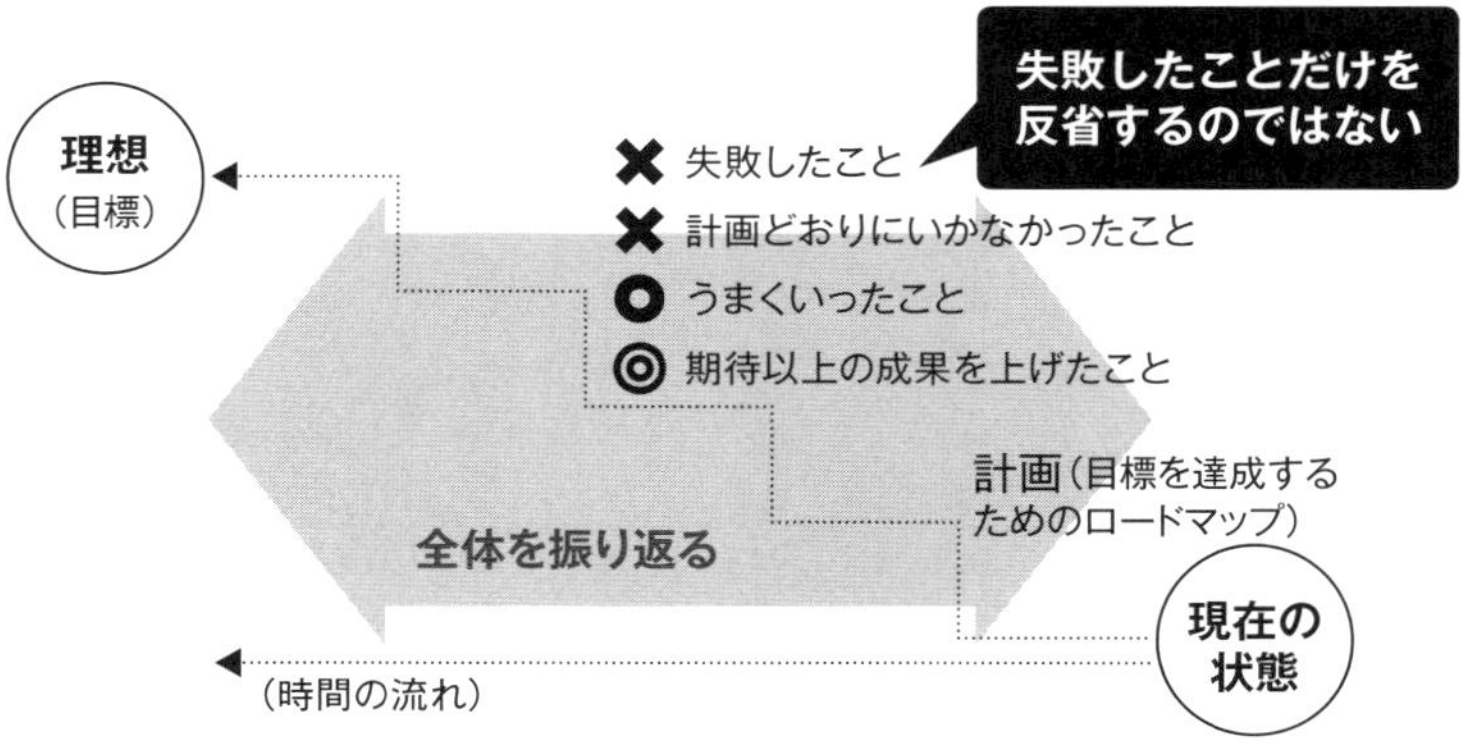

大きな出来事だけに関心を集中し過ぎないということです。

たとえば、売上額の大きいプロジェクトを受注したことで年間目標を達成できた場合でも、そのプロジェクトの受注経緯だけの分析にとどまってはいけません。業界全体の動向や顧客ニーズ、あるいはそのプロジェクトにかかわった社内外のスタッフのレベルなどにも目を向けるといったように、対象を広くする必要があります。

つぎのポイントは、**判断基準を明確にすること**です。たとえば、手帳に書き込んだ月次や週次の目標、ＫＰＩといった明文化されたものを基準にして振り返ります。

とくに具体的な数値目標がある場合は、「達成した・しない」といった結果や「○割程度達成」といった曖昧なものではなく、「目標としていた件数から3件足りなかった」「目標額のプラス15万円を達成」といったように具体的に表現します。より具体的にしていくことで、「足りなかった3件を獲得するためにどう行動すべきか」といった施策を講じたり、「同じペースでいけば、営業日が3日少ない翌月も１００％を達成できそうだ」といった予測を立てることが可能になります。

最後のポイントとしては、**常に問題意識をもつ**ということです。たとえば、飲食店で売上が目標数値よりもだいぶ落ちているといった問題を検証する場合、単に客単価が落ちているとか、集客方法が悪いといった顧客に関係することだけでなく、スタッフの接客やサービスの質という点も考えてみる必要があります。つまり、問題意識が偏っていたり欠落していたりすると、重要なことを見逃してしまう可能性があるのです。振り返りの際は、さまざまな角度から問題意識をもつことも大切です。

【図3-2】 振り返りの3つのポイント

❶

視点が偏らないように！

❷

判断基準を明確に！

❸

常に問題意識をもつ！

第3章

2

振り返りのタイミングは？

四半期ごとに振り返る場合のポイント

振り返りのタイミングやスパンについては、週次や月次といった短期的なものから、四半期、半期、年間といった中長期的なものまでさまざまです。ある一定のまとまった期間を大きく振り返ることも、比較的短い期間を振り返ることもそれぞれ意味がありますが、ＰＤＣＡ全体を通して考えた場合は、振り返る期間をあまりにも短くし過ぎると、目の前のことだけに関心が集中し、全体像が曖昧になることがあります。**年間計画であれば、四半期という節目ごとの振り返りが目安**となります。

①第1四半期での振り返り

・目標や当初の計画が正しく認識されているか、また取り組んでいる方向性が正しいかを中心に振り返る

②第2四半期での振り返り

・全体の進捗状況が想定どおりであるかどうか、また取り組んだ内容がどれだけ成果を上げているかを確認する

・進捗状況に関しては、当初の進行計画に対して遅れがないか、さらに今後進行を滞らせるような要因が発生していないかを確認する。阻害要因の存在が確認されたら、対応策の検討と、スケジュールの変更などを考える

③第3四半期での振り返り

・期限内に目標を達成できるかを検討するのがポイント

・期限内達成が難しい場合は、施策の入れ替えや、重点施策にリソースを集中するなどの方向転換を検討する

④第4四半期での振り返り
・目標や当初の計画が達成できたかどうか振り返る
・達成できたこと、達成できなかったことの理由を考えてみる

こまめな振り返りはリスク対策にもつながる

ＰＤＣＡ全体を通しての振り返りという意味で、四半期という比較的長いスパンでの振り返りをまず提案しましたが、施策や行動の精度を高めるという意味からすると、**振り返るサイクルをもう少し短く設定することも効果的**です。

なぜならば、振り返り期間が四半期単位、半年単位だと、問題が起きてから対策を講じることになりがちですが、こまめに振り返る習慣があれば、失敗やトラブルの予兆が出た段階で対策をとることが可能になります。そうすれば余計な時間、コスト、エネルギーを費やすことなく、リスクを回避することができます。

実行段階で「おかしい」と感じる場面があったら、振り返りのタイミングを前倒しし、「いまのうちに対策を講じよう」という発想をもつことも大切です。

また、仕事のやり方や進め方を変えることを実行段階で求められた場合、新しいやり方になじめずに、すぐに元に戻してしまうケースが少なくありません。このようなケースも、日々のこまめな振り返りによって回避することが可能になるのです。

計画の前倒し・繰り上げはOK

年間計画を立案すると、月ごとに取り組む課題が決まり、さらに週間単位、1日単位の行動が決まってきます。きちんとした計画を立てると、進めるペースはあくまでも計画に沿って行い、当初立てた計画は修正しないほうがいいと考える人も存在します。

しかし**年間計画は、早めに達成してしまってもかまわない**のです。そのことで、想定された以上の成果を獲得できますし、万一、年の後半で何か問題が発生しても余裕をもって対応することができるからです。**スピード感をもってPDCAを回すことは成功の秘訣**といえます。

手帳で「小さなPDCA」を回す

手帳には年間計画に基づいて月間、週間単位で行うべき行動や施策が書き入れられており、実行段階では日々変化する状況に合わせた行動結果が記録されています。つまり手帳をめくっていけば、予定事項と実際の行動記録を比較検討できます。

また、ＰＤＣＡサイクルを回す過程では、所期の計画とは異なる状況が生まれることがよくあり、そうした変化に適切に対応できるか否かで成果は変わってきます。**最初に立てた計画を絶対視して走り続けるのではなく、常に現状を振り返りながら軌道修正を図っていく**必要があるということです。

手帳に記入した目標を定期的にチェックし、成否の要因分析や今後の施策について書き込んでいくという、いわば「小さなＰＤＣＡ」を回すことも大切なのです。

【図3-3】 小さなPDCAのイメージ

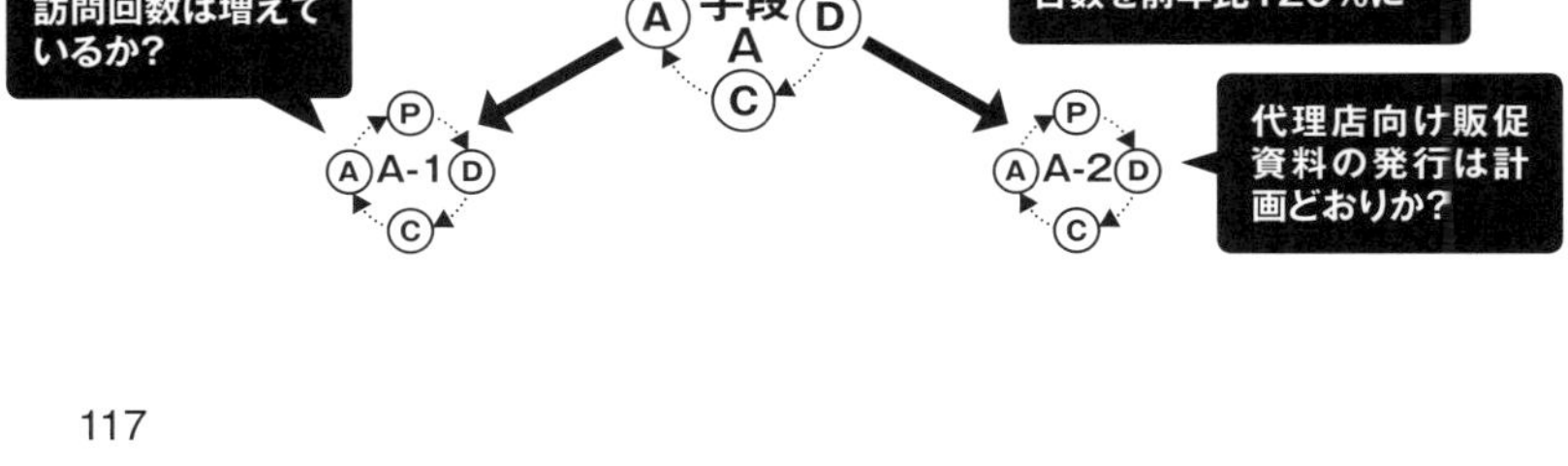
代理店への毎月の訪問回数は増えているか?
P
クロスバイクの年間販売台数を前年比120%に

実践！

手帳術

10

週間・月間の振り返り例

週間、月間の行動には、つぎのような視点から素直に振り返ることがコツです。

・設定した目標や計画に無理はなかったか？
・見積もった時間と実際にかかった時間にどの程度差があったか？
・うまくいったこと・うまくいかなかったことは何か？　その原因は？
・うまくいかなかったことを、どうあらためるといいか？
・優先順位に沿って実行できたか？
・その他、気づいたこと・感じたことは？

記入例を参考に振り返ってみましょう。

〈記入例〉

週間の振り返り

・移動は、社用車よりも電車を使った方が、
　時間を読みやすい

・来客打ち合わせに時間がかかった。
　事前にアジェンダを共有して、
　ダラダラと話を長引かせないようにしたい

・代理店Bからの見積依頼を優先したことにより、
　受注に至った

月間の振り返り

・代理店訪問件数は、目標の○件を達成したが、
　時間を有効に使えばもう1～2件は可能

・販売台数は、目標プラス○台と好調だった

できたことも振り返る

第3章
3

振り返るときのポイント

「コト」「モノ」「ヒト」「カネ」の視点で振り返る

振り返りの対象となるのは、つぎのように「コト」「モノ」「ヒト」「カネ」が想定されます。

①**コト**：課題解決のための個々の施策は「コト」に該当する。また、時間やプロセスも「コト」のカテゴリーに入る

②**モノ**：「モノ」は、具体的な商品や機器などが該当する。たとえば、ある製品の部

品メーカーならば、不良品の発生率や返品率が一定期間でどう推移しているのかを検証することなどが想定される

③ **ヒト**：「ヒト」の振り返りは、「コト」を実践する人間そのものにスポットをあてること。個々人の行動の良し悪しや、成長の度合いなどが振り返りの対象となる

④ **カネ**：「カネ」は、達成すべき予算や削減すべきコストなど、目標や課題に直結した存在。第1章で学んだように、PDCAを回すときには、目標も施策も可能な限り具体化、数値化することが大切であり、カネ＝数値としてとらえることもできる

できたことも振り返りの対象とする

前述したように、振り返り＝反省ではありません。振り返る際には、失敗したこと、

できなかったことだけにスポットをあてるのではなく、**できたこと、成果が上がったことも対象にする**ことがポイントです（118ページ 実践！手帳術10参照）。

なぜならば、できたことや成果が上がったことについては、次回以降、同様の施策を行う際に費やすべき時間やコスト、投入すべき人員がどの程度必要なのかという見積りができるようになるからです。また、プラス面を振り返りの対象にすることで、業務に携わる人のモチベーションを向上させるという効果もあります。

自分本位で解釈しない

「人間は事実を自分が見たいように見る」傾向があるといわれます。同じ事実でも、自分にとって都合の良い事実だけを取り上げ、不都合な事実についてはあえて言及しないというものです。

たとえば、自分のミスや問題は棚に上げて他者の問題点だけを取り上げたり、成果だけを誇らしげに語ったりといった自分本位の解釈ではいけません。事実は、ありのままに見ることが大切で、**自分本位の振り返りは、改善を遠ざける**ものであると認識してください。

ただし、自分では客観的に事実を見ているつもりでも、他者から見るとモレがあったり、とらえ方が違ったりすることもよくあります。これは、事実に誠実に向き合おうという姿勢はあるものの、事実を見抜くだけの力がない人が陥りやすい過ちです。

こうしたことを防ぐためにも、自分だけで事実を抽出しようとせず、同僚や上司・先輩など周囲の人を巻き込みながら、問題点の抽出・整理にあたることが大切です。

そのほかの視点

前述の視点のほかに、目標そのものの妥当性や、課題遂行にあたる人の意識・考え方をターゲットにすることも大事です。

計画段階で妥当だとされた目標も、実際に始めてみると非現実的であることがわかったり、逆に甘過ぎたりすることがあります。また、業務改善を妨げる考え方や習慣、組織風土も振り返りの対象にすることで、新たな改善策を見出せるようになるでしょう。

第3章

4 ミスや失敗を今後に活かす

ミス、トラブルへの対応が、ビジネスパーソンを進化させる

適切な計画を立案し、計画どおりの実行を心がけても、大なり小なりミスやトラブルは発生するものです。ミスやトラブルをしないよう意識することは当然ですが、起こってしまったことは仕方ありません。ミスやトラブルの発生を嘆くのではなく、そこからどんな学びや教訓が得られるのかを考えていく姿勢が大切です。

PDCAにおける「C」は、そうしたミスやトラブルからどんな教訓が得られるのか、また再発を防止するにはどうすればよいのかを考えるのに適したタイミングといえます。ミスやトラブルはヒューマンエラーといわれますが、人間が起こすミス、ト

ラブルだからこそ、人間を進化させるきっかけにもなるということを意識しましょう。

「ヒト」だけで振り返らない

　ミスやトラブルが発生すると、すぐに犯人探しが始まります。たしかに、ミスやトラブルの多くは人為的なものであり、犯した人にスポットがあたりやすいのは自然なことではあります。

　しかし、ミスやトラブルの多くは、複数の要因が絡んでいることが多く、当事者に責任をとらせるだけでは問題は解決しません。また、「ヒト」の問題が大きな要因だったとしても、特定の1人に100％の責任があると

【図3-4】「コト」「モノ」「ヒト」「カネ」で振り返る

例　1年かけてローンチした新サービスの振り返り

コト	商材の良さのアピール力に欠けていた。広告・マーケティング分野の専門知識をもったスタッフが必要
モノ	モニター段階からユーザーインターフェースは高評価
ヒト	システム周りは、スタッフが優秀だったためオンスケジュールで開発を進めることができた
カネ	販売価格が市場ニーズと合わずに営業は苦戦気味

いう状況はそう多くありません。おそらく、当事者の上司や部下、周囲にいた人にも何割かの責任があり、そのことを無視して1人に責任を押しつけてしまっては、本質的な解決には至りません。

120ページで、振り返りのポイントとして「コト」「モノ」「ヒト」「カネ」について述べましたが、**ミスやトラブルに関しても「ヒト」だけでなく、「コト」「モノ」「カネ」にもスポットをあててみる**ということです。どういう「コト」をしたからミスやトラブルが発生したのか。どういう「モノ」がミスやトラブルを呼び寄せたのか。「カネ」の面ではどんな問題があったのか。そういった視点が大切なのです。

フレームワークで問題の真因を突き止める

問題を発生させた真因を見定めるためには、原因のもととなるものを掘り下げていく作業が必要です。また、複数の原因が抽出された場合は、そのなかで最も影響が大きかった要因は何かを考えていくことも必要です。

そんなときに有効なのが、**「フレームワーク（思考技術）」を活用する**ことです。つぎのフレームワークの例を参考に、なぜ計画と実行との間にギャップが発生してしまったのかを特定してみましょう。

①なぜなぜ分析

原因として抽出されたものの背景にあるもの「真因」を探るために、「それはなぜ起きたのか？」という問いを繰り返す思考技術が「なぜなぜ分析」です。

②ロジックツリー

「ロジックツリー」は、発生している現象を掘り下げる手法という点では、「なぜなぜ分析」と同様の思考技術で、違いは樹形図の形で体系的に整理することです。真

【図3-5】 なぜなぜ分析

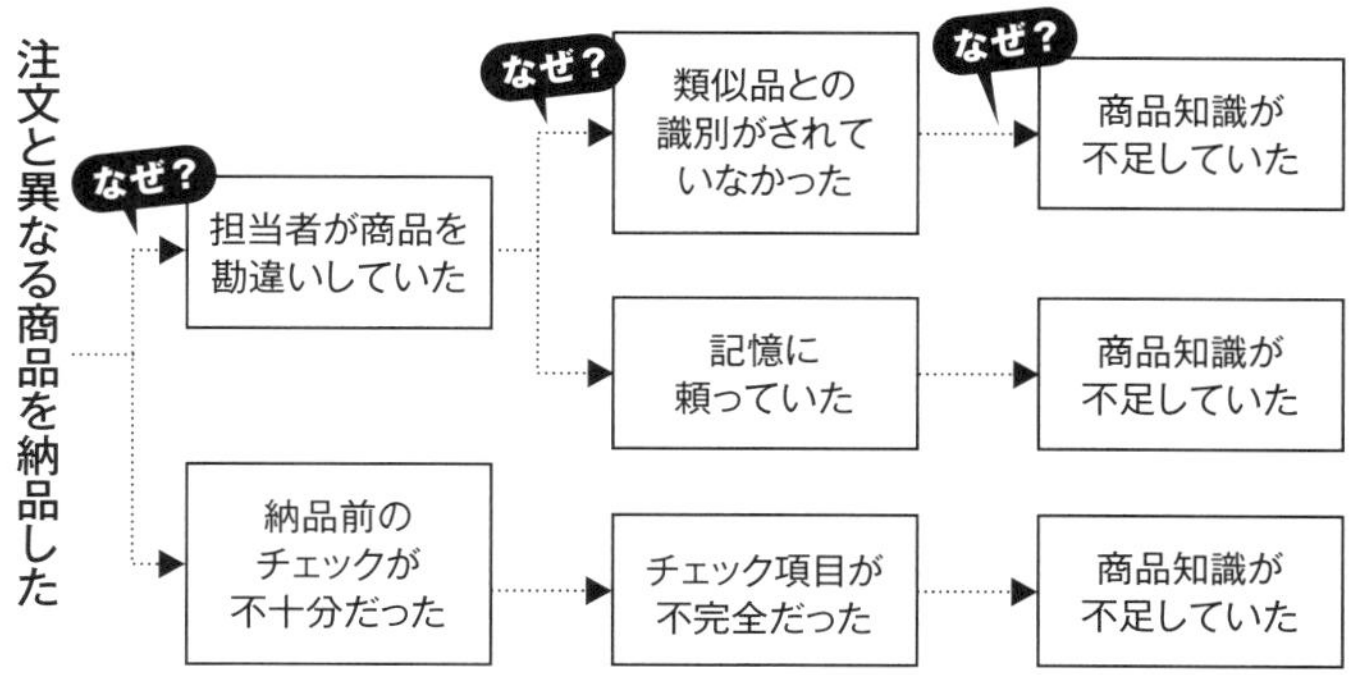

因だけでなく、他の原因も列挙されるため、さまざまな視点から改善策を検討することができます。

③ MECE（ミーシー）

事実を抽出し、整理するときに大切にしたいのが、「MECE」という考え方です。これは、Mutually Exclusive and Collectively Exhaustive の略で、モレなくダブリがない状態を意味します。

事実を整理するときは、MECEを意識して整理することが大切です。

たとえば、売上不振の原因を探るのであれば、「顧客数」「客単価」「来客頻度」の3つの視点から分析していくことが望まれ

【図3-6】 ロジックツリー

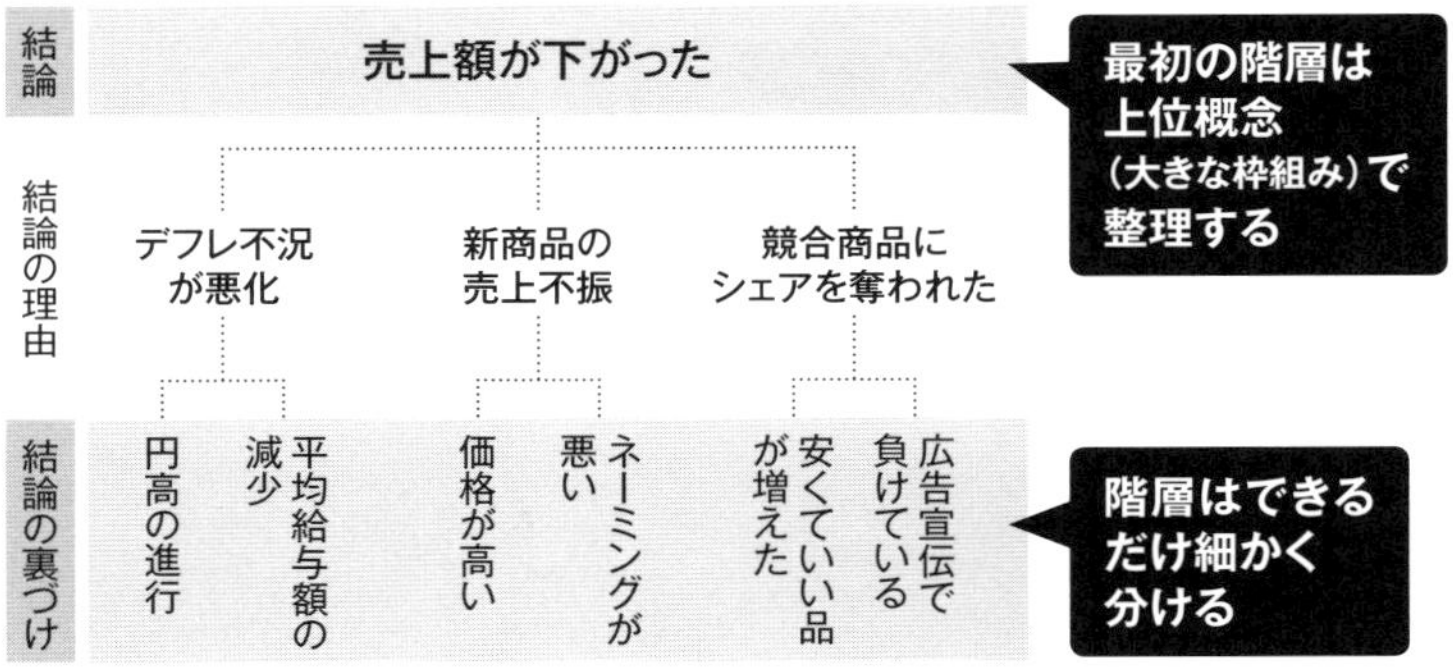

るわけですが、これを仮に「顧客数」と「客単価」の2つの視点だけで分析すると、分析内容にモレが生じてしまいます。また、「平日の売上」が伸びないことを気にするあまり、「顧客数」「客単価」「来客頻度」「平日の顧客数」の4つの視点で分析してしまうと、「顧客数」のダブリが発生して適切な分析ができなくなります。

MECEの考え方は、さまざまな状況を論理的に分析していくうえで基本となるものであり、いきなり分析作業に入るのではなく、分析の視点にモレやダブリがないかを点検するステップを設けることが大切です。

【図3-7】 MECE

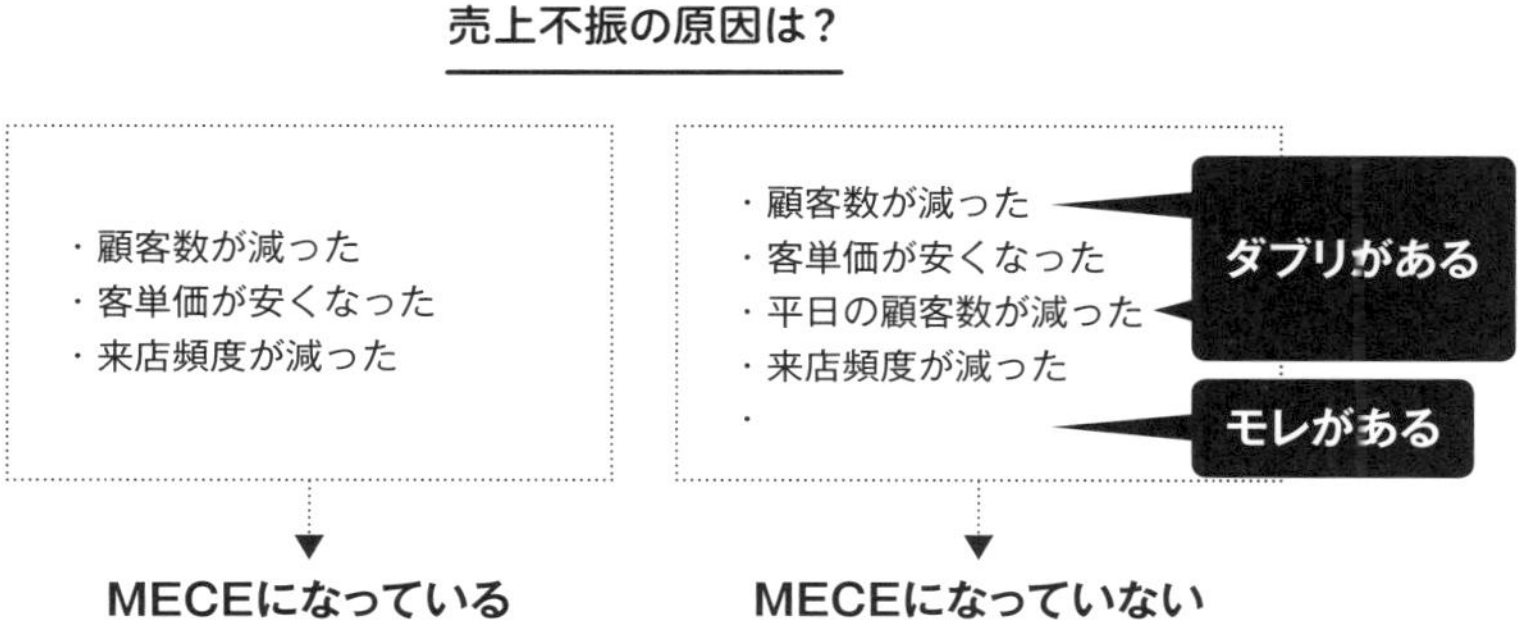

実践！手帳術 11

手帳のチェックタイム

手帳は、できるだけこまめにチェックしたいもの。手帳を見ることがクセになっている人はいいとして、普段あまり手帳を見ないという人は、つぎの「チェックタイム」を意識するようにしましょう。チェックタイムのそれぞれのタイミングでは、その日の細かい予定の把握やＴｏ Ｄｏリストの確認が中心になりますが、週末の仕事終わりであれば、「今週中にやるべきことの繰り越しはなかったか」「来週はこの案件の山場なので忙しくなる」といった振り返りや展望をしてみるといいでしょう。また、月末は「今月はどんな成果が上がったか」「年間目標は順調に達成できているか」といった大きな視点で確認することも大切です。

１１８ページの「実践！手帳術10」も参考にしながら、自分の手帳をチェックしてみましょう。

〈手帳　7つのチェックタイム〉

いつ	見るポイント	目的
①朝の出勤前	今日の仕事内容、行動予定を確認 ・着ていく服を決める（商談やプレゼンがあるときは、身だしなみに注意） ・帰宅時間や夕食の要・不要を家族に伝える	今日1日の全体像をイメージし、服装や持ち物を決める
②通勤時	**出社してからやるべき仕事の手順や段取りを確認** ・その日の予定とやるべきことを手帳を見ながらシミュレーションする	具体的な仕事の手順を始業前にイメージしておくことで効率アップを図る
③始業時	**ＴｏＤｏリストを確認し、業務開始** ・突発的な仕事が入ってきたら、ＴｏＤｏリストの優先順位を変更する	やるべき仕事と優先順位の確認

④昼休み	**午後の仕事と、就業後のスケジュールの確認** ・午前中の仕事のやり残しがないかチェックする。必要に応じて午後の仕事の組み直しを行う ・気分転換として、就業後のプライベートの予定確認もおすすめ	午後の業務の確認と、気分転換
⑤午後の仕事中	**仕事の進行状況をチェック** ・Ｔｏ Ｄｏリストを確認し、今日やるべきことを最終チェック	仕事のやり残しはないか
⑥終業時	**今日の仕事を振り返り、明日以降のスケジューリングをする** ・明日以降の仕事の準備とスケジューリング ・新たなタスクをＴｏ Ｄｏリストに加える ・週末・月末は、その週・月の振り返りを行う	その日の仕事を振り返る
⑦帰宅後	**年間計画の確認や自分の夢について考える** ・年間計画の進捗状況や、目標や将来の夢を考える（日記をつける）	長期的な視野で明日以降のことを考える

column

手帳をだんだん使わなくなってしまうのはナゼ？

手帳を買った当初は、計画やスケジュール、実行したことなどをこまめに記入していても、年の中盤、後半になるにつれてだんだんと使わなくなってしまった……そんな経験のある人も多いのではないでしょうか。ＰＤＣＡを回すためのツールである手帳を、年間を通して使いきれないということは、そのままＰＤＣＡの挫折につながりかねません。

手帳へのアクセス機会を増やし、記入することへのモチベーションを保ち続けるためには、どんなことに注意すればいいのでしょうか。手帳を使わなくなってしまう４つの原因を紹介しますので、参考にしてみてください。

使わなくなる原因①　手帳が自分の仕事に合っていない

時間軸のついている手帳を買ったけれども、スケジュール管理よりもたくさん書けるメモスペースのほうが必要だった……など、本来必要な機能が手帳についていなかったというケース。システム手帳であればカスタマイズが可能ですが、綴じ手帳の場合は、思いきって買い替えることをおすすめします。

使わなくなる原因② 手帳の使い方が合っていない

手帳の使い方に関するハウツー本や雑誌の記事が多く出回っていますが、あれもこれもとたくさんの手帳術を試し過ぎていませんか？　手帳をもっと効果的に活用するために、手帳術を試してみることもときには必要ですが、他人の手帳術をそのまま真似しても、それが自分にとって最も適した使い方であるとは限りません。ハウツー本などの情報はあくまでも参考程度としてとらえ、自分に合った使い方を考えていくことが大切です。

使わなくなる原因③ 手帳にしばられる

ＴｏＤｏリストは「やらなければいけないこと」を書きますが、そこだけにフォーカスしてしまうと、手帳を開くのが憂鬱になってしまうかもしれません。業務上の「Ｍｕｓｔ」なことだけでなく、趣味や旅行の予定を書いたり、家族の写真を貼ったりするなど、気分転換や息抜きができるような仕掛けも必要です。手帳を開くことが楽しくなるような工夫をしてみましょう。

使わなくなる原因④　性格が飽きっぽい

性格のことはいかんともしがたいですが、飽きっぽい性格の人は、まず手帳を活用することの効能を考えてみてはいかがでしょうか。「手帳に記入するようになってから、忘れ物が少なくなった」「うっかりダブルブッキングをすることがなくなった」「自分の時間を上手に使えるようになった」など、手帳を使うことのメリットを感じることができれば、手帳を使い続けたいという気持ちを維持できるはずです。

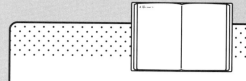

第3章のポイント

- ☑ 「Check」は、PDCAのキモともいえるプロセス
- ☑ 「Check」は、できなかったことや失敗したことを反省するだけでは不十分。成功したことも含めて実行した内容を客観的に評価しよう
- ☑ PDCA全体を通して考えた場合の振り返りは、四半期ごとが目安。ただし、施策や行動の精度を高めるためには、手帳を活用したこまめな振り返りも欠かせない
- ☑ 「コト」「モノ」「ヒト」「カネ」の視点で振り返ろう
- ☑ 問題の真因を掘り下げて考えるために、「フレームワーク（思考技術）」を活用しよう

第4章

Action

「改善」で
成長と進化をめざす

第4章

1 改善とは何か

何のための改善なのか

PDCAにおける「Action」とは、「C」のプロセスでの検証や振り返りによって抽出した問題点や課題について、それを**「どう解決していくのか」という具体策を打ち出していくこと**です。つまり、個々の施策や行動を改善していくための方策を考えていくことになります。

改善を進めるにあたって留意したいポイントは、つぎの3つです。

① より高い成果を上げるために達成手順や方法を変更すること

②業務のムリ、ムダ、ムラを排した合理的な取り組みとすること
③精神論・根性論を排し、効率的に成果を上げるための知恵を結集すること

これらのポイントを押さえるとともに、忘れてはいけないことは、「**ＰＤＣＡは回し続けるもの**」という考え方に基づいた改善です。すなわち、**改善とは新たなＰＤＣＡの出発点**であるという認識のもとに、計画段階での目標設定が適切であったかどうかを検証し、修正していくという作業も必要になるのです。個々の施策や行動の改善だけでなく、計画と現実の間のギャップがどのくらいあったのかを検証し、将来につなげていくという視点をもつようにしましょう。

改善を推進するためには

とはいえ、「改善する」といっても、どういう考え方のもとに、どんなことから着手すればいいのか迷う人も多いと思います。改善を推進するにあたっては、どんな心がまえが必要なのでしょうか。

具体的な改善策を書き出す前に、まずつぎの3つを意識しておきましょう。

①「何を変えればいいのか」を明確にする

検証や振り返りの結果を精査し、そのうえで計画段階で立てた目標と比較しながら、「何を変えればいいのか」を具体的にしていく姿勢をもちましょう。

・その業務にかかわるスタッフの人数は適切だったか
・その業務にかかわる人は適材適所だったか
・ルーティンワークとなっている部分に改善の余地はないか
・長年つきあいのある協力会社だが、外注先として本当に適切なのか　など

②「どう変わるか」を決める

「何を変えればいいのか」が明確になったら、「どう変わるか」という改善の方向性について考えてみましょう。

・スタッフの人数をどう変えればいいのか（補充するのか、削減するのか）
・プロジェクトのリーダーは誰にすればいいのか

・ルーティンワーク自体が非効率ではないか
・外注先をA社からB社に変えてみたらどうか　など

③「変わろう」という意志を固める

「とにかく改善あるのみ！」といった精神論や根性論だけで改善が進むことはありません。かといって中途半端な気持ちでは、いつの間にか元のやり方に戻ってしまったり、途中で軌道修正を迫られたりと、やはり改善は進みません。具体的な行動に移る前に、「変わろう・変えよう」という意志を固めることも大切なのです。

これらのことを踏まえながら、改善策を立て、行動していくにあたっての具体的なアプローチを紹介していきます。

第4章

2

改善に向けた具体的なアプローチ

アプローチ1　2つのキーワードで取り組む

改善策を考えるにあたって最もわかりやすいのが、「**やめる・減らす・変える**」と「**ムダ・ムラ・ムリ**」を見直すというキーワードです。具体的な改善策を考えるときは、まずここから始めてみましょう。

①「やめる・減らす・変える」

- **やめる**：やめても影響が少ないものは、思い切ってやめる
- **減らす**：やめることはできなくても、頻度や量を減らす

・変える：「ヒト」「モノ」「コト」の3つの視点からの変更を考えてみる

②「ムダ・ムラ・ムリ」を見直す

もうひとつは、「ムダ・ムラ・ムリ」の見直しです。時間、業務、他者とのかかわり方という3つの視点から考えるとわかりやすくなります。

a 時間

時間の過ごし方を精査する：第1章で紹介したレコーディングを行い、ムダな時間を洗い出す

行動の単位時間を変える：たとえば30分単位、60分単位で組んでいた行動を20分単位、50分単位でできないかを考えてみる

細切れ時間の有効活用を考える：すき間時間や移動時間にできる業務はないかを考えてみる

b 業務

優先順位を見直す：「効率性」を基準に重要度、緊急度の格づけを見直してみる

意思決定のスピードを上げる：ものごとをなるべく時間をかけずに決めていく。迷いが生じ、自力での解決が困難な場合は、上司や周囲に相談する

作業スペースを整理整頓する：勤務中、ものを探しているムダな時間は多いもの。机やパソコンなど、作業スペースは常に整理整頓し、どこに何が置いてあるのかを把握しておく。また、電子ファイル類も適切に管理する

c 他者とのかかわり方

会議の所要時間やダンドリを見直す：「ダラダラ会議」はムダの最たるもの。会議は時間厳守とし、よけいな時間をかけない

社内メールの送受信ルールを決める：メールのCCや返信に関するルールを決めておく

実践！
手帳術
12

「やめる・減らす・変える」

週間や月間で振り返ったことについて、「やめる・減らす・変える」という視点から具体的に改善策を書いてみましょう。

〈記入例〉

「やめる」「減らす」「変える」の視点で考えた改善策を記入

Action（次に向けて）

（やめる）
月例会議資料のプリント・配布はやめる。
今後は社内サーバ上のPDFファイルを各自がダウンロード。

（減らす）
メールCCは、コアメンバーだけにする。

（変える）
部内ミーティングの議事録は、必要事項だけを箇条書きにする議事録フォーマットに変更する。

実践！
手帳術
13

すき間時間の活用例

69ページで紹介したレコーディングをしたら、気づいたことや改善策の記入に加えて、すき間時間の活用法を記入してみましょう。

〈記入例〉

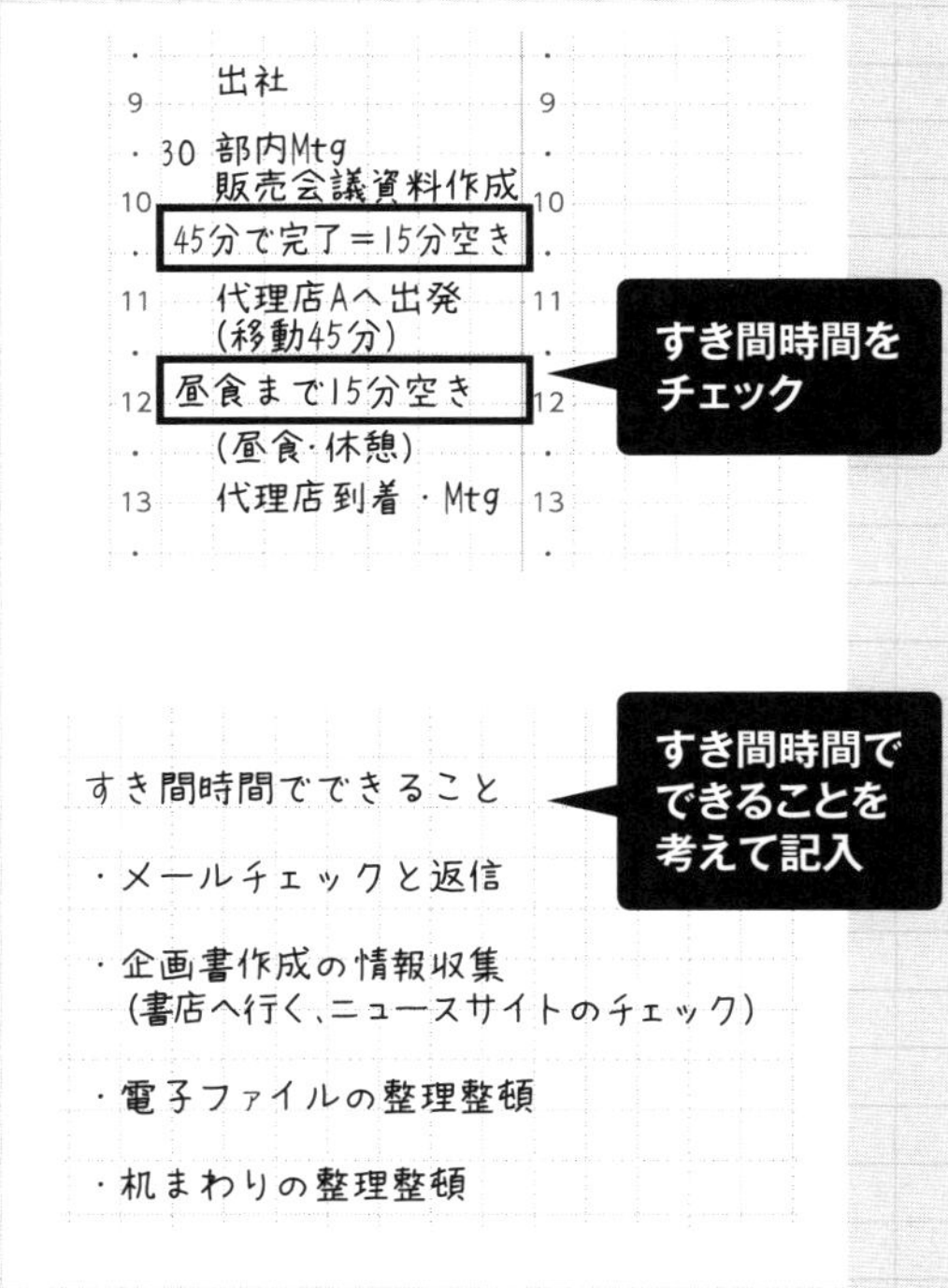

アプローチ2　当たり前のことをできるようにする

改善を具体的に進めるうえでは、**「当たり前のことを当たり前にやる」**ことも大切です。基本や原則に立ち返ってあるべき行動をとることで、改善につながるケースが多いからです。振り返りの際に、「やるべきことをやっていない」という状況を抽出するところから始めてみてもいいでしょう。

そうすれば、特に新しい手段を講じなくても、「改善は1から新しい手段を講じなければならないから難しい」と悩まなくてもいいことになります。

アプローチ3　新たな改善策を打ち出す

やるべきこと、当たり前のことをきちんとやっても改善できないと予想される場合、従来とは異なるアプローチを考える必要があります。そのときに重要なのは、**どのようなことが阻害因子となって課題解決を妨げているのかをはっきりさせる**ことです。

そうしたときに活用したいのが、図4-1の「フィッシュボーン・チャート（特性要因図）」と呼ばれる図です。要因が複雑に入り乱れている問題を分析するには、フィッシュボーン・チャートを使って、問題の背景にあるものを「大」「中」「小」に分類し、最も影響を与えているものを抽出すると効果的でしょう。

【図4-1】 フィッシュボーン・チャート活用のステップ

STEP 1	大きめの紙を用意して、「特性（発生している問題点、現象）」と背骨の線を記入する
STEP 2	「特性」に影響を与えていると思われる主な要因を、「大骨」部分に記入する
STEP 3	「大骨」に記載した要因を招いた要因を「中骨」に、「中骨」に影響を与えている要因を「小骨」の部分に記入し、根本原因を探っていく
STEP 4	仕上がった図を概観して、要因のモレがないかを確認する
STEP 5	抽出された要因のなかで、影響度の高いものを枠で囲んで強調する（重みづけ）

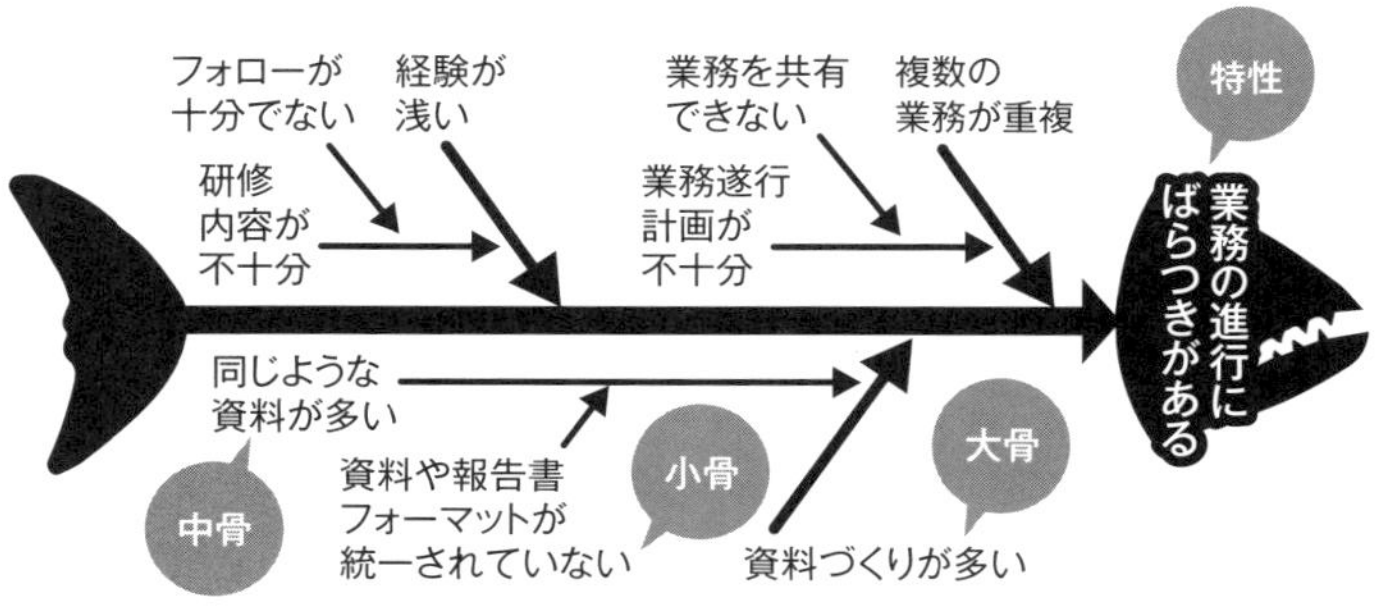

アプローチ4　複数の改善策を用意し、優先順位をつけながら取り組む

新たな改善策を打ち出しても、それが本当に実現可能なのか、あるいはどの程度の効果が期待できるかわからないという怖さがあります。また、予算や時間といった条件によって採用できる施策には限りがあることもあります。

そのため、新たな改善策を検討する場合は、複数の施策を準備し、第2章76ページでも紹介した「緊急度」と「重要度」を軸に優先順位をつけていくといいでしょう。

また、「緊急度」と「重要度」だけではなく、**多くの人の賛同を得られやすいか否かを測る「認識度」と、取り組みやすく実現しやすいか否かで測る「実現度」の2つのベクトルで改善策を見ていく**方法も有効です。

当然のことですが、最も取り組みやすいのが、「実現度も高くメンバーの認識も高いレベルで共有されている施策」です。

「認識度は低いものの実現度が高い施策」は、メンバーが気づかないだけで実現度そのものは高いわけですから、メンバーに取り組む意義を伝え、優先度を高めれば即

効性の高い改善策になります。

　一方、「実現度が低く認識度が高い施策」はかけ声倒れに終わりがちです。無理に進めようとせず、まずはどうすれば実現できるか、取り組むための仕組みづくりからスタートします。

　そして「実現度も認識度も低い施策」については、重要度、緊急度が高ければ、メンバーの認識度を上げたうえで、どうすれば実現できるかを検討していき

【図4-2】「認識度」と「実現度」によるマトリクス

例　ある飲食チェーン店では、日々の食材数量の発注見通しが甘く、少な過ぎて早い時間に売り切れになったり、逆に多く発注し過ぎて廃棄したりといった事態が発生。これを改善するための施策を検討している。

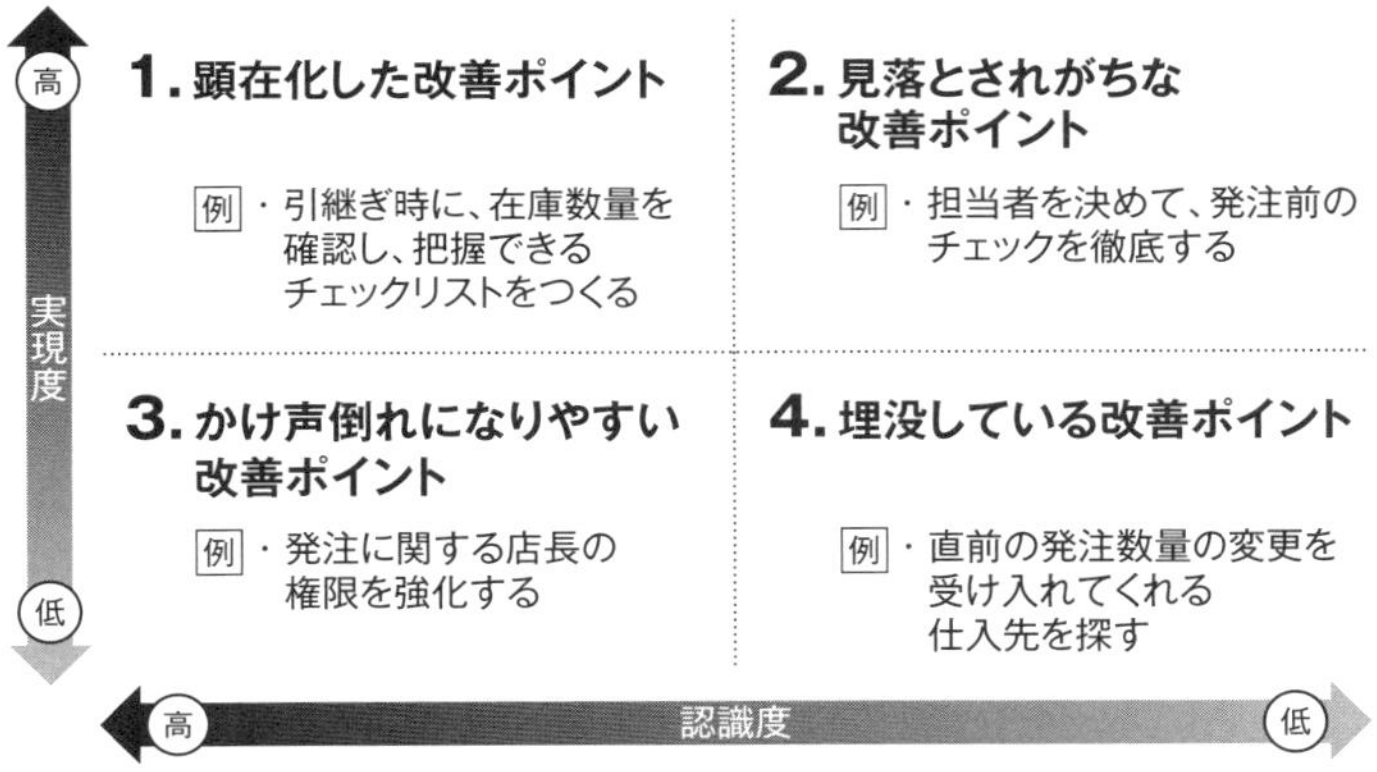

1. 顕在化した改善ポイント
例 ・引継ぎ時に、在庫数量を確認し、把握できるチェックリストをつくる
2. 見落とされがちな改善ポイント
例 ・担当者を決めて、発注前のチェックを徹底する
3. かけ声倒れになりやすい改善ポイント
例 ・発注に関する店長の権限を強化する
4. 埋没している改善ポイント
例 ・直前の発注数量の変更を受け入れてくれる仕入先を探す
実現度
高
低
認識度
高
低

ましょう。

アプローチ5　「たら・れば」発想を、「には」発想に

人間は、ともすると、いろいろな理屈をつけては現状を維持しようとしがちですが、そうした意識の壁を破らなければ改善は望めません。

具体的には、**「たら・れば」と制約条件を持ち出して新たなチャレンジを拒む発想から、「○○するにはどうしたらいいか」**

【図4-3】「たら・れば」を「には」に置き換える

手帳のメモ欄を使って改善しようと思うことを、「たら・れば」から「には」に置き換えてみましょう。

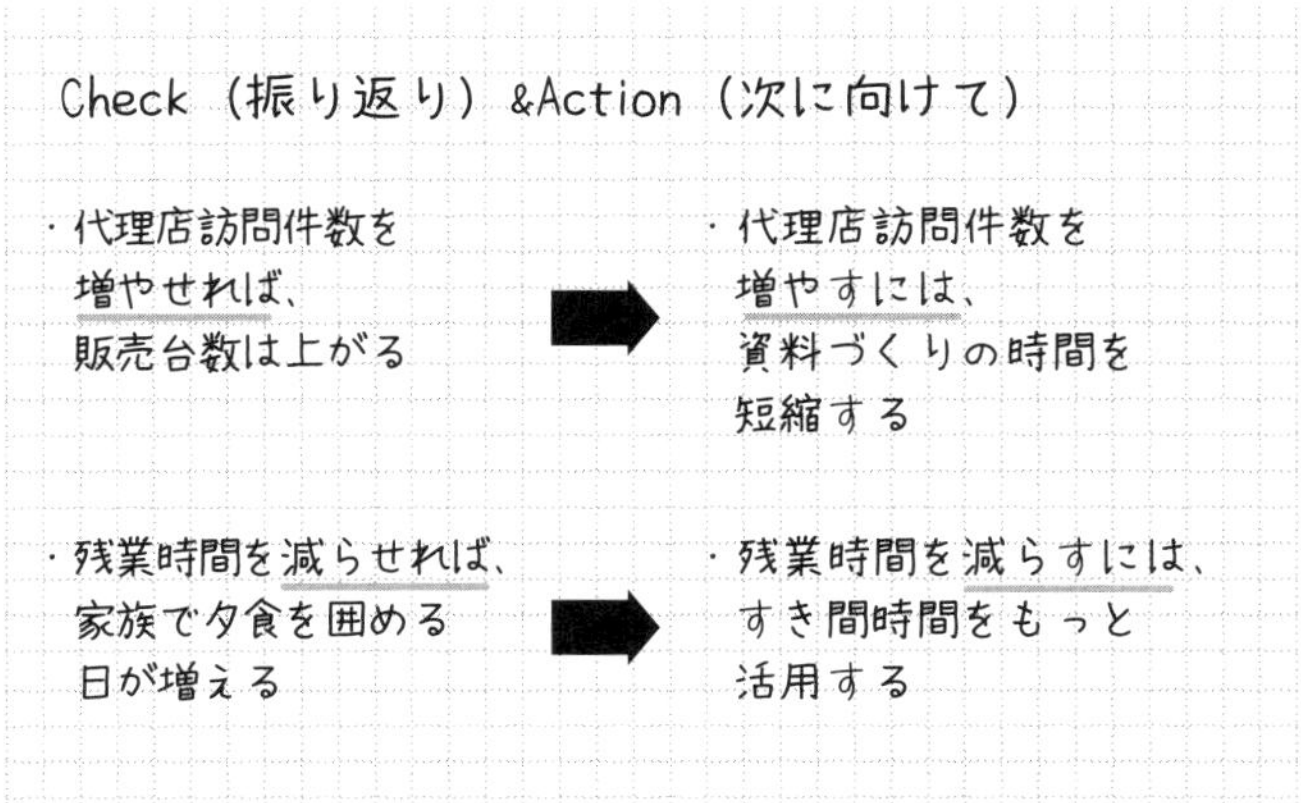
Check（振り返り）&Action（次に向けて）
・代理店訪問件数を増やせれば、販売台数は上がる
・代理店訪問件数を増やすには、資料づくりの時間を短縮する
・残業時間を減らせれば、家族で夕食を囲める日が増える
・残業時間を減らすには、すき間時間をもっと活用する

を考える「には」発想に転換することが大切です。

まず「できること」から着手して、ストレスを軽減

以上、改善にあたっての5つのアプローチを紹介しました。ただ、改善策を実行しても、その内容によっては成果が上がるまでに時間がかかるものもあり、途中で気持ちがなえてしまうことがあります。結果、その他の改善策もうまく取り組むことができず、取り組みが途中でストップしてしまうことも少なくありません。

こうした事態を防ぐためのポイントは、**実現可能な改善策から実行に移していくこと**です。ひとつの改善策を達成できたという自信が、別の改善策に取り組む際のモチベーションに変わるからです。

また、人間は課題を抱え過ぎると、プレッシャーのあまり行動することを躊躇することがあります。「できることから始める」という方法をとれば、取り組む側のストレス低減につながります。仮に、課題解決そのものに与える影響はわずかであっても、気持ちを前に進めるという点では一定の効果が期待できます。

column

手帳を買い替える時期は？

1月始まりの手帳の発売開始時期は年々早くなっていて、8月頃から販売されているものもありますが、本格的に書店などの店頭に並び始めるのは10月頃からです。手帳の買い替えのタイミングは人それぞれですが、翌年の仕事の方針やスケジュールが決まり始めたら、新しい手帳を購入することをおすすめします。

では、新しい手帳の購入後は、2冊を一緒に持ち歩くべきでしょうか。答えは「Yes」です。古い手帳にも1月分くらいまでの予定を書き込むページがありますが、古い手帳と新しい手帳の2冊に記入するとなると、写し間違いや記入モレが発生して、仕事のミスにつながる恐れがあります。1年のスタート時期に、そのようなことは防ぎたいものです。よって、ちょっと面倒ですが、手帳を買い替えた後も古い手帳と一緒に持ち歩き、併用したほうがいいでしょう。年が明けて古い手帳を参照する機会が少なくなったら、新しい手帳だけを使うようにすればいいのです。

第4章
3

PDCAは回し続けてこそ意味がある

一度に100%じゃなくてもいい。諦めずにつぎをめざすことが大事

どんなに考え抜かれた改善策でも、予測が甘かったり、想定外の出来事が発生したりして、大きな壁にぶつかることがあります。ですから、改善とは、「**一度に100%できなくてもいいんだ**」という気持ちをもつことも必要です。「やってダメならまた改善。それでもダメならまた改善」という気持ちで、粘り強く取り組むマインドもPDCAサイクルを回し続ける秘訣です。

なぜPDCAを回し続けなければならないのか

序章でも述べたとおり、PDCAは回し続けることに意味があります。

たとえば、開店したての飲食店であれば、たくさん集客をして売上を伸ばし、事業を軌道に乗せることが目標になるでしょう。仮にこの目標が100％達成できたとしても、つぎの目標も同じように「集客」であり「売上額の拡大」になるとは限りません。もしかすると、課題は顧客満足度アップやサービスの向上といった別の視点になり、それにともなって目標設定も変わってくるかもしれないからです。

つまり、PDCAを回して目標を達成したとしても、**常に新しい課題に向き合いながら継続的にPDCAを回していく**ことが求められるということです。それができてこそ、「できるビジネスパーソン」として持続的な成長が可能になるのです。

特にビジネス環境が目まぐるしく変化する昨今では、変化に柔軟に対応し、その時々の課題をいち早くとらえ、成果を上げていかなくてはなりません。PDCAは、そのための必須のスキルといえます。

手帳を活用し、時間《とき》をデザインできるビジネスパーソンに

現在、多くのビジネスパーソンは、日々の業務に追われながらも、適切に課題解決をしながら成果を最大化するためにＰＤＣＡの実践をめざしています。しかし、実際には突発的な案件が割り込んでくることも多く、当初の計画どおりに進めていくのは容易ではありません。そうしたなかで、ＰＤＣＡサイクルを回すための武器として、手帳を活用してＰＤＣＡを推進するノウハウについて解説してきました。

繰り返しになりますが、手帳は、年間計画や月間計画を常に意識するうえで便利ですし、日々の行動のダンドリを立てる道具としても重宝します。移動時間や空き時間に予定を確認したり、見直したりするときも有効です。さらに、手帳に書き込んだ予定は、時間の経過とともに記録となって残り、あとで振り返るときの素材にもなり、改善の提案もできます。

ただし、序章でも述べたように、これからの時代は、単に時間を管理するだけでなく、**時間をデザイン**していくことが求められます。日々の仕事をＰＤＣＡサイクルでマネジメントしていくだけでなく、**これからのキャリアプラン、ライフプランを主体**

的に構想し、実践していくことが必要なのです。

また、日々の仕事や暮らしのなかで感銘を受けた言葉や考え方、読書によって得られた知識やスキルなど、自分の仕事や暮らしを充実させてくれるものを書き留めておけば、公私ともに自分の言動を支えてくれるバイブルとなることでしょう。

手帳を使ってＰＤＣＡに取り組むとともに、「時間をデザインする」最高の道具にしたいものです。できるビジネスパーソンになるために、手帳を最大限に活用されることを期待しています。

第4章のポイント

- ☑ 「Action」とは、「C」で抽出した問題点や課題を「どう解決していくか」という具体的な改善策を打ち出していくこと

- ☑ 具体的な改善策を書き出す前に、①「何を変えればいいのか」を明確にする、②「どう変わるか」を決める、③「変わろう」という意志を固める、の３つを意識しよう

- ☑ 改善に向けた具体的なアプローチは以下のとおり

  ・「やめる・減らす・変える」と「ムダ・ムラ・ムリ」を見直すという２つのキーワードから考える
  ・「当たり前のことを当たり前に」できるようにする
  ・従来とは異なる新たなアプローチから施策を考える
  ・複数の施策を準備し、「重要度」と「緊急度」を軸に優先順位をつける
  ・「たら・れば」発想から、「には」発想に転換する

- ☑ 改善は、「一度に 100%できなくてもいいんだ」という気持ちで、粘り強く取り組もう

（参考文献）

日本能率協会マネジメントセンター編『手帳 300% 活用術』2009 年
JMAM 手帳研究会編『手帳活用パーフェクト BOOK』2012 年
日本能率協会マネジメントセンター編『仕事が早くなる！C からはじめる PDCA』2013 年
川原慎也『これだけ！PDCA』すばる舎リンケージ、2012 年

●監修

川原慎也（かわはら　しんや）

みなとみらいコンサルティング株式会社　代表取締役

外資系自動車メーカーにて営業、マーケティング、ブランディングなどを経験し、国内大手コンサルティング会社に入社。中小企業を得意とする同社において、中堅～大手企業に対するコンサルティングの道を切り拓く第一人者として活躍した後、現職に至る。

2012年に発売された『これだけ！ PDCA』(すばる舎リンケージ)が17万部の大ヒットとなったのをきっかけに、PDCAを導入・推進するコンサルティングを数多く手掛ける。経営陣、中堅幹部がどうしても躓いてしまうポイントを適切に乗り越えていくきめ細かな手法で、売上拡大、営業利益率改善等々、結果にスピーディーに導くコンサルティングに対する評価が高い。

近年は、多くの日本企業が掲げる「働き方改革」「生産性向上」という課題に対して、「単なる時短ではなく、出すべき真の成果に導く」をモットーに取り組んでおり、住宅・不動産業界あるいは士業分野に至るまで、次々と成功事例を輩出、そのコンサルティング領域はさらに拡大している。

12ヵ月成果を出し続ける
PDCA手帳術

2019年9月30日　　初版第1刷発行

発行者——張 士洛
発行所——日本能率協会マネジメントセンター

〒103-6009 東京都中央区日本橋2-7-1 東京日本橋タワー
TEL 03(6362)4339（編集）／03(6362)4558（販売）
FAX 03(3272)8128（編集）／03(3272)8127（販売）
http://www.jmam.co.jp/

装　丁——三森健太（JUNGLE）
編集協力・本文DTP——株式会社アプレ コミュニケーションズ
印刷所——広研印刷株式会社
製本所——ナショナル製本協同組合

ISBN978-4-8207-3185-6 C2034
落丁・乱丁はおとりかえします。
PRINTED IN JAPAN